DUDEN

Schriftliche Arbeiten
im technisch-
naturwissenschaftlichen
Studium

DUDEN-TASCHENBÜCHER
Praxisnahe Helfer zu vielen Themen

DUDEN

Schriftliche Arbeiten im technisch-naturwissenschaftlichen Studium

Ein Leitfaden zur effektiven Erstellung
und zum Einsatz moderner Arbeitsmethoden

von Christoph Friedrich

DUDENVERLAG
Mannheim · Leipzig · Wien · Zürich

Redaktion: Sascha Höning

Die Deutsche Bibliothek – CIP-Einheitsaufnahme
Friedrich, Christoph:
Duden Schriftliche Arbeiten im technisch-
naturwissenschaftlichen Studium: ein Leitfaden zur effektiven
Erstellung und zum Einsatz moderner Arbeitsmethoden /
von Christoph Friedrich. –
Mannheim; Leipzig; Wien; Zürich: Dudenverl., 1997
(Duden Taschenbücher; 27)
ISBN 3-411-06271-1
NE: GT

Satz: particular Preprint- & Medien-Service,
        Axel & Kai-Uwe Schilling GbR, Bonn
Druck: Hans Rappold Offsetdruck GmbH, Speyer
Bindearbeit: Progressdruck GmbH, Speyer
Printed in Germany
ISBN 3-411-06271-1

Vorwort

Die Anfertigung von Seminar-, Studien-, Examens- und Diplomarbeiten oder anderen schriftlich fixierten Ausarbeitungen wie Hausarbeiten, Referaten oder Berichten ist ein wesentlicher Bestandteil der technischen und naturwissenschaftlichen Studiengänge an Hochschulen und Fachhochschulen.

Diese studentischen Arbeiten sind für die Ausbildung der jährlich etwa 665 000 Studierenden[1] ingenieur- und naturwissenschaftlicher Studiengänge in Deutschland ein wichtiges Lerninstrument, da sie – wie in der beruflichen Realität gefordert – gemäß der jeweiligen Aufgabenstellung ein umfangreiches Problemfeld aufgreifen, systematisch analysieren und anschließend versuchen, für die Erreichung des gewünschten Zieles Lösungen zu erarbeiten. Für die Fachbereiche der Hochschulen und Fachhochschulen stellen diese Arbeiten außerdem eine wichtige Ergänzung zu den laufenden Forschungstätigkeiten dar, wenn sie gut ausgearbeitet sind.

Die Qualität einer solchen Arbeit hängt dabei in entscheidendem Maß davon ab, wie geschult das Problemlösungsverhalten des Studierenden ist, was in der Praxis zu Fragen des wissenschaftlichen Arbeitens, aber auch des Projektmanagements führt. Daneben ist genauso entscheidend, wie gut die gewonnenen Erkenntnisse anderen auf diesem Gebiet arbeitenden Personen zugänglich gemacht werden. Voraussetzung hierfür ist immer eine vollständige, übersichtlich und komprimiert formulierte Dokumentation.

Hinzu kommt, dass die stark gestiegene Leistungsfähigkeit der Rechner und Software heute jedermann ermöglicht, mit der entsprechenden Arbeitsweise einen PC über die Funktionen einer besseren Schreibmaschine hinaus als Werkzeug für die durchgängige Verwaltung, Analyse und Darstellung aller Daten einer Projektarbeit einzusetzen und schließlich auch eine Dokumentation professionell auszuführen.

---

[1] Nach [3] studierten 1994 in Deutschland 1 851 854 Studenten an Universitäten oder Fachhochschulen (davon 59 % männlich, 41 % weiblich; 14 % der Gesamtzahl waren Studienanfänger). Die Aufteilung in Fächergruppen zeigt, dass Naturwissenschaften (Anteil bei männlichen Studenten 17,7 %, bei weiblichen 12,7 %) und Ingenieurwissenschaften (Anteil bei männlichen Studenten 29 %, bei weiblichen 7,5 %) mit insgesamt ca. 665 000 Studenten etwa 35 % aller Studierenden umfassen (etwa 2/3 Universitäten und 1/3 Fachhochschulen). Seit 1980 hat sich die Zahl der Studenten von naturwissenschaftlichen und ingenieurwissenschaftlichen Studiengängen fast verdoppelt, wobei 1992/93 bislang das Maximum zu verzeichnen war.

Hierdurch entsteht heute ein Bedarf an einer sinnvollen Verknüpfung der vier Themenfelder „wissenschaftliches Arbeiten – Projektmanagement – EDV-Einsatz – Dokumentationstechnik", dem dieser praxisorientierte Leitfaden durch die Vermittlung von Kenntnissen in allen relevanten Bereichen gerecht werden möchte. Das optimale Zusammenspiel dieser Themenfelder kann man nur bei Projektarbeiten lernen, und dies geht weit über das eigentliche Fachthema der Arbeit hinaus. Deshalb spiegeln die Arbeiten oft die typische Vorgehensweise im jeweiligen Beruf wider und geben auch in vielen Fällen wichtige Impulse für die spätere berufliche Ausrichtung.

Immer ist eine studentische Arbeit auch ein wichtiges Übungsbeispiel zum Trainieren der fachlichen Kommunikation und Präsentation. Da EDV-Kenntnisse heute zur Allgemeinbildung gehören, sollte jeder Studierende spätestens die Anfertigung einer studentischen Arbeit auch zum Erwerb dieser Kenntnisse nutzen.

Die gezielten Vorschläge zur Ausführung sowie die Übersichtstabellen und Grafiken mit Nachschlagefunktion tragen zusammen mit den Verzeichnissen im Anhang zur effektiven Abwicklung einer Arbeit bei. Das bedeutet, in kurzer Zeit unter gegebenen Randbedingungen eine gute Problemlösung zu erarbeiten und diese zu dokumentieren.

Die Sammlung von Hinweisen und Anregungen entstand aus Erfahrungen bei der Betreuung zahlreicher studentischer Arbeiten an der Technischen Hochschule Darmstadt im Fachbereich Maschinenbau und ist daher unmittelbar an den Bedürfnissen der Praxis orientiert. Die meisten Überlegungen gelten für alle Dokumentationen und Präsentationen (auch nach dem Studium, z.B. für Fachaufsätze, Berichte, Artikel, Gutachten oder Besprechungen, Verhandlungen, Tagungen, Konferenzen).

Ich danke allen Kollegen und Studenten, die mit Anregungen zur vorliegenden Form des Leitfadens beigetragen haben, sowie Herrn Höning und Frau Moll vom Bibliographischen Institut für die gute Zusammenarbeit bei der Drucklegung. Ein besonderer Dank gilt schließlich meiner Frau für die Unterstützung bei der Ausarbeitung und das stete Verständnis für den Verzicht auf viele gemeinsame Freizeitstunden.

Autor und Verlag wünschen allen Lesern eine erfolgreiche Nutzung dieses Kompendiums und das Gelingen ihrer zukünftigen wissenschaftlichen Arbeiten.

Egelsbach, im Frühjahr 1997   Christoph Friedrich

Inhaltsverzeichnis

Verzeichnis der Tabellen und Abbildungen

1 Wissenschaftliche Arbeiten im Studium

Eine wissenschaftliche Arbeit hat immer zum Ziel, auf dem betreffenden Fachgebiet durch die Erarbeitung neuer Erkenntnisse einen Beitrag zum Stand des Wissens zu leisten und damit gleichzeitig auch Anregungen und Zielsetzungen für zukünftige Forschungs- und Entwicklungstätigkeiten zu formulieren.

Dies gilt genauso für studentische Arbeiten, auch wenn sie durch den begrenzten zeitlichen Rahmen nur einen gewissen Teilaspekt eines Themenzusammenhanges beleuchten. Die Prüfungsordnungen der Hochschulen und Fachhochschulen, z. B. [7, 8, 30] definieren die Funktion einer Abschlussarbeit immer ähnlich dem Beispiel der Diplomprüfungsordnung der Technischen Hochschule Darmstadt [7, § 19, Abs. 1]:

„Die Diplomarbeit soll zeigen, dass der Bewerber in der Lage ist, ein Problem aus seiner Fachrichtung selbstständig nach wissenschaftlichen Methoden zu bearbeiten."

Die darüber hinaus vorhandene Zeitrestriktion bei Abschlussarbeiten führt notwendigerweise zu einer starken Zielorientierung bei der Bearbeitung.

Seminar- und Studienarbeiten dagegen gehören zu den Leistungen eines Studierenden, die während des Studiums erbracht und nachgewiesen werden müssen. Sie unterliegen daher den Ausführungsbestimmungen des jeweiligen Fachbereiches. Hier steht heute das Kennenlernen und Einüben der vier Themenfelder wissenschaftliches Arbeiten – Projektmanagement – EDV-Einsatz – wissenschaftliche Dokumentation am Beispiel einer selbstständig zu bearbeitenden Aufgabenstellung im Vordergrund. Dieser umfassende Ansatz wird bei vielen anderen Werken zum Thema oft nur wenig berücksichtigt, z. B. [1, 11, 12, 19, 26, 28, 34, 35].

Allen Arbeiten gemeinsam ist der Charakter einer Projekttätigkeit, wie sie auch in der beruflichen Praxis immer mehr an Bedeutung gewinnt. Daher ist das Hilfsmittel des Projektmanagements eine wichtige Ergänzung zu den klassischen Arbeitsmethoden wissenschaftlichen Handelns (siehe Kap. 2).

Dementsprechend sind für die Beurteilung von studentischen Arbeiten neben Qualität und Umfang der erarbeiteten Ergebnisse immer auch deren vollständige und zugleich übersichtliche Darstellung in schriftlicher Form, deren Einbindung in das aus Literatur und Vorarbeiten bekannte

Umfeld sowie Arbeitsweise und Kommunikationsverhalten, Selbstständigkeit, Eigeninitiative, geschultes Beurteilungsvermögen und evtl. experimentelles Geschick des Studierenden von Bedeutung.

1.1 Aufgabe

Die Aufgabenstellung bildet den Ausgangspunkt für die Erstellung jeder Seminar-, Studien-, Examens- oder Diplomarbeit. Durch sie werden alle Tätigkeiten sowie die inhaltlichen Elemente einer schriftlichen Dokumentation bestimmt. Deshalb sollte die Auswahl des Themas sorgfältig durchgeführt werden, wenn eine Wahlmöglichkeit besteht, denn für den Erfolg der Arbeit ist maßgeblich die Motivation und der Einsatz desjenigen entscheidend, der die Aufgabenstellung bearbeitet. Besondere berufliche Anerkennung bei einer späteren Bewerbung finden zunehmend studentische Arbeiten, die außerhalb der Hochschule bei Industrieunternehmen oder Instituten erstellt wurden, evtl. sogar im Ausland (vgl. Kap. 7.5, 7.6).

Tab. 1 fasst die wichtigsten Kriterien für die Auswahl einer Aufgabenstellung zusammen. Die Reihenfolge der Nennung entspricht in etwa der Priorität der einzelnen Kriterien.

Für die Auswahl des richtigen Themas für eine Arbeit ist es immer ratsam, sich bei möglichst vielen Aufgabenstellern zu informieren und das Angebot an Arbeiten genau zu prüfen. In einem Gespräch sollte der Inhalt der Arbeit und ihr Umfeld möglichst genau und schlüssig beschrieben sowie auch später in der Aufgabenstellung schriftlich fixiert werden. Dies schützt den Studierenden vor immer neuen Zusatzaufgaben.

Die Voraussetzungen des Studierenden zur Durchführung einer studentischen Arbeit nach den Ausführungsbestimmungen des jeweiligen Fachgebietes und der Prüfungsordnung des Studienganges müssen natürlich erfüllt sein, was ebenfalls vom Studierenden geprüft werden muss (z. B. vorausgesetzte Studienleistungen, Anmeldungsmodalitäten, einzuhaltende Fristen usw.). Daneben ist die realistische Abschätzung des benötigten Zeitbedarfs unbedingt zu empfehlen und mit den zeitlichen Rahmenbedingungen von Studierendem und Aufgabensteller schon vor Beginn der Arbeit abzustimmen.

Das Thema einer studentischen Arbeit ist auch immer eine Referenz für die Schwerpunkte im Studium, das ja neben der Wissensvermittlung an ein selbstständiges Arbeiten heranführen soll. Daher ist ein Aspekt für die Auswahl der richtigen Aufgabenstellung auch immer die Repräsentanz des Themas hinsichtlich der verfolgten Studienausrichtung. Ebenso sollte die Formulierung der Aufgabenstellung im Hinblick darauf überprüft werden. Diese Überlegung gilt besonders für Examens- und Diplomarbeiten, die bei einer Bewerbung als Studienabgänger um eine erste Arbeitsstelle mit das wichtigste „Arbeitszeugnis" darstellen.

Ein Thema für eine studentische Arbeit, besonders wenn sie umfangreicher ist, sollte möglichst auch für den Aufgabensteller von wichtiger Bedeutung und möglichst lang anhaltendem Interesse sein. Für den Studenten ist dies dann ein Hinweis, dass er eine ausreichende Betreuung erwarten darf. Im Gespräch zur Klärung der Aufgabenstellung gilt es deshalb zu versuchen, die Einordnung der Aufgabe in die sonstigen Aktivitäten des jeweiligen Instituts zu erfahren.

Ein wichtiger Aspekt ist auch, dass sich bei der Klärung der Aufgabe eine Möglichkeit bietet, den betreuenden Aufgabensteller als zukünftigen Kooperationspartner kennen zu lernen. Die Qualität der Betreuung beeinflusst maßgeblich den Erfolg einer Arbeit. Dafür ist es notwendig, dass sich der Betreuer genügend Zeit nimmt und sich Fragen oder Bedenken gegenüber aufgeschlossen zeigt, was keineswegs selbstverständlich sein muss. Umgekehrt sollte der Bearbeiter einer Aufgabe den Wünschen des Betreuers, die sich oft aus Erfahrungen ergeben, entgegenkommen, da dies meist auch mit einer Zeitersparnis verbunden ist.

1. Sind die rechtlichen Voraussetzungen für die Durchführung der Arbeit erfüllt? (Zulassung, Fristen, verknüpfte Vorlesungen, geforderte Studienleistungen)

2. Sind geplanter Arbeitsumfang und zur Verfügung stehender Zeitrahmen sowie Start- und Endtermin vereinbar? (Berücksichtigung aller Ausfallzeiten durch Praktika, Prüfungen, Urlaub o. Ä.)

3. Ist die Aufgabenstellung schlüssig, kann man sich persönlich mit der Thematik identifizieren?

4. Ist der Betreuer kooperativ; reagiert er auf Fragen, Bedenken oder Einwände schon im ersten Gespräch offen?

5. Repräsentiert die Aufgabenstellung die Studienausrichtung?

6. Wie ist die Aufgabenstellung in die anderen Aktivitäten des Instituts einzuordnen?

7. Wie gut sind die Rahmenbedingungen des jeweiligen Instituts? (Arbeitsplätze, Rechner- und Geräteausstattung)

8. Wie gut sind die Vorkenntnisse zum Thema der Aufgabe? (Wichtig bei zeitbefristeten Abschlussarbeiten)

9. Wie sieht die Abschlussprüfung zur Arbeit aus? (Kolloquium, Prüfungsgespräch, Vortrag o. Ä.)

Tab. 1: *Kriterien für die Beurteilung einer Aufgabenstellung*

Bei Seminar- oder Studienarbeiten existiert oft keine unmittelbar vorgegebene zeitliche Festlegung der Bearbeitungsfrist. Dies erlaubt es, auch ein zwar fachlich sehr interessantes, aber in der Durchführung schwierig einzuschätzendes Thema oder eines mit großer Einarbeitungszeit anzugehen.

Bei der Themenauswahl sollte man hingegen für eine befristete Abschlussarbeit immer den Zeitbedarf kritisch einschätzen und, wenn möglich, auf Themen zurückgreifen, bei denen man durch eigene Vorkenntnisse keine lange Einarbeitungszeit benötigt. So ist z. B. die Einarbeitung in die EDV ungeeignet für eine Abschlussarbeit; eine möglichst frühzeitige EDV-Einarbeitung ist generell für viele Tätigkeiten im Studium vorteilhaft.

1.2 Lösungsweg

Aus der Analyse des Problemfeldes zu Beginn der Arbeit (Literaturrecherche, Auswertung von vorangegangenen Arbeiten zum Thema, Vorversuche usw.) und den zur Verfügung stehenden Arbeitsmitteln (z. B. Geräte- oder Softwareausstattung) ergibt sich der einzuschlagende Lösungsweg. Oft wird dieser schon in der Aufgabenstellung skizziert, sollte jedoch vom bearbeitenden Studenten geprüft und bei Bedarf in Absprache mit dem Betreuer verbessert oder modifiziert werden.

Das Auffinden von bereits vorhandener Literatur zum Thema geschieht am einfachsten durch das Verfolgen von Referenzangaben in bekannten Literaturstellen. Daneben bietet sich die Nutzung des Sach- und Autorenkataloges von Bibliotheken, das Auswerten von Fachaufsätzen in einschlägigen Fachzeitschriften mittels Bibliographien oder eigener Lektüre in den neuesten Ausgaben an sowie das Aufspüren von Informationen in heute an Bedeutung gewinnenden Literaturdatenbanken und Online-Informationssystemen (vgl. Kap. 8.5). In Fragen der Informationsbeschaffung kann auch der Betreuer und die jeweilige Fach- oder Hochschulbibliothek Auskunft geben.

Für die Bearbeitung der Aufgabe ist eine selbstständige Arbeitsweise sehr wichtig, genauso das regelmäßige kritische Bewerten des Lösungsweges und das Einbringen von eigenen Anregungen. Bei Entscheidungen und Festlegungen geeigneter Vorgehensweisen oder Untersuchungsmethoden zur Lösung der Aufgabe ist es vorteilhaft, wenn der Student eigene begründete Vorschläge macht und nicht auf eine Entscheidung anderer wartet, z. B. des Betreuers. Er muss selbst auf eine möglichst ununterbrochene, zügige zeitliche Abwicklung des Projektes achten.

Dies führt zu Fragen des Projektmanagements, das unbedingt in die Aufgabenbewältigung mit einbezogen werden sollte, da es bei allen Projekttätigkeiten eine wesentliche Rolle spielt (siehe Kap. 2). Dazu gehört auch eine effektive Kommunikation aller Beteiligten (verlässliche Terminplanung; unmittelbare Bewertung der ersten Ergebnisse; Klärung von Schwerpunkten; rechtzeitige Rücksprache bei Problemen). Viele Schwierigkeiten bei der Abwicklung von studentischen Arbeiten beruhen auf mangelnder oder verspäteter Kommunikation.

Entgegen der bisher weit verbreiteten Meinung ist es heute ratsam, die Dokumentation zu einer wissenschaftlichen Arbeit nicht erst am Schluss der Bearbeitung zu beginnen. Ein wesentlicher Vorteil des PC gegenüber der Schreibmaschine ist, dass durch umfangreiche Editierfunktionen die Texte nicht nur geschrieben, sondern im Rechner erarbeitet und entwickelt werden können. Dieser Entwicklungsprozess beginnt eben schon mit den Überlegungen zur Gliederung oder der Aufarbeitung und Verwaltung der Literatur zum Thema.

Darüber hinaus ist es sinnvoll, möglichst alle anfallenden Daten mit dem Rechner zu verarbeiten und zu verwalten, da dann die Untersuchungsergebnisse jederzeit übersichtlich zur Verfügung stehen, erweitert oder variiert werden können.

Tab. 2 fasst die grundlegenden Aspekte für den Lösungsweg bei der Bearbeitung einer Aufgabenstellung zusammen.

1.3 Dokumentation und Präsentation

Der bleibende Wert wissenschaftlicher Arbeiten hängt immer maßgeblich von der schriftlich fixierten Darstellung und damit von der Zugänglichkeit für andere ab, zumal die Studierenden nach Abschluss der Arbeit i. Allg. nicht mehr als kompetenter Ansprechpartner für ihre Untersuchungen zur Verfügung stehen. Eine Dokumentation muss deshalb das Problemfeld mit Analyse, die Randbedingungen der Untersuchungen und den Lösungsweg mit Ergebnissen zusammenfassen.

Die grundlegende Tätigkeit bei der Erstellung einer Dokumentation besteht also im strukturierten Erfassen aller wesentlichen Aspekte der Arbeit bei gleichzeitiger Komprimierung und Reduzierung der Inhalte auf das für das Verständnis Wesentliche. Eine Dokumentation ist also kein Lehrbuch, da fachliche Grundlagen allenfalls erwähnt, aber nicht hergeleitet werden; sie enthält jedoch weit mehr Angaben zum Projekt als ein Fachaufsatz.

1. Problemanalyse (Einflussparameter isolieren und Abhängigkeiten klären, Literaturrecherche, Vorversuche)

2. Randbedingungen beachten (z. B. Geräteausstattung, Softwareausstattung, Fertigungsmöglichkeiten und -kapazitäten in Werkstätten, Verfügbarkeit von Ressourcen)

3. Kommunikation (besonders wichtig zu Beginn und bei Entscheidungen)

4. Ständige kritische Beurteilung des eingeschlagenen Lösungsweges, bereits vorhandenes Wissen zum Thema nutzen

5. Selbstständige Arbeitsweise, Einbringen eigener Anregungen und Vorschläge

6. Frühzeitiger Beginn der Dokumentationserstellung

7. EDV-Einsatz wo möglich (Datenaufnahme, -auswertung und -verwaltung, Berechnungen, Text- und Grafikerstellung)

Tab. 2: *Grundlegende Aspekte zur Bearbeitung einer Aufgabenstellung*

Der Umfang einer vollständigen Dokumentation sollte generell so gering wie möglich gehalten werden, um eine gute Übersichtlichkeit zu gewährleisten.

Prinzipiell sind für die Dokumentation von wissenschaftlichen Arbeiten immer folgende Aspekte wichtig: Problemumfeld (Aufgabe), Problemanalyse (bisheriger Kenntnisstand), Beschreibung der Untersuchungen zur Lösung mit Randbedingungen, Ergebnisdarstellung, Bewertung und Ausblick, Materialsammlung zur Arbeit.

Tab. 3 stellt grundlegende Kriterien für die inhaltliche Vollständigkeit einer Dokumentation zur Verfügung.

Neben der Weitergabe von wissenschaftlichen Kenntnissen an andere Personen durch schriftlich fixierte Darstellungen ist die Präsentation in einem mündlichen Vortrag mit anschließender Fachdiskussion ein wichtiges Instrument wissenschaftlichen Arbeitens. Deshalb schließen studentische Arbeiten meist mit einem Abschlussvortrag, auf den Kap. 6 näher eingeht. Auch in beruflicher Hinsicht ist eine überzeugende Präsentationstechnik und Rhetorik zur umgänglichen und zugleich bestimmten Wahrnehmung eigener Interessen wichtig. Hier sind Ingenieure und Naturwissenschaftler oft weniger geschult als andere Berufsgruppen, wie z. B. Juristen oder Wirtschaftswissenschaftler, was für ein Trainieren dieser Fähigkeiten im Studium spricht.

Schon in der Antike kam der Rhetorik („Kunst der öffentlichen Rede") als eigenständiger Wissenschaftsdisziplin eine wichtige Bedeutung zu.

Inhalte	Erläuterungen
Wird in das Problemumfeld eingeführt?	Hintergrund der Aufgabenstellung, Notwendigkeit der Untersuchungen
Ist die Analyse des Problemfeldes dargestellt?	Stand der Wissenschaft zum jeweiligen Thema, i. Allg. Literaturaufarbeitung, Kurzdarstellung der zugrunde liegenden Theorie, z.b. Berechnungsgrundlagen, ggf. Verweise auf Quellen
Wird der Lösungsweg mit Randbedingungen dargestellt?	Vermittlung eines „roten Fadens", Beschreibung des konkreten Untersuchungsmaterials bzw. -gegenstands, Darstellung der gewählten Untersuchungsmethoden zur Lösungsfindung unter Berücksichtigung von zeitlichem Rahmen und Geräte- bzw. Softwareausstattung, Angabe von Messbedingungen, Auswertungsmethoden, wichtige spezielle mathematische Ableitungen
Sind die Ergebnisse dargestellt sowie klar und übersichtlich formuliert?	detaillierte Zwischen- und Teilergebnisse, prägnantes Gesamtergebnis
Werden die Ergebnisse im Gesamtzusammenhang mit dem Problemumfeld bewertet?	Qualität und Genauigkeit der Ergebnisse, Fehlerbetrachtung, Überlegungen zu fehlenden Untersuchungen, Verbesserungsmöglichkeiten, Querverweise, Bedeutung der Ergebnisse für das Thema, Ausblick zur Fortführung des Themas
Sind grafische Elemente, wie z. B. Übersichtstabellen, Abbildungen, Diagramme, an den Stellen im Text, wo sie nötig und hilfreich sind?	Verständlichkeit der Aussagen
Könnte ein fachkundiger Leser mit den Angaben in der Dokumentation die Untersuchungen wiederholen?	Bereitstellung von Protokollen, Skizzen, Plänen, Zeichnungen, Formblättern, Datenblättern usw. (meist im Anhang der Dokumentation)
Ließe sich der Umfang der Dokumentation bei gleichem Informationsgehalt reduzieren?	keine Doppelnennungen, Vereinfachung der Gliederungsstruktur, tabellarische Auflistungen, Grafiken

Tab. 3: *Kriterien zu grundlegenden Inhalten einer Dokumentation*

Die grundsätzlichen Inhalte, wie sie in Tab. 3 dargestellt sind, stimmen für Dokumentation und Präsentation überein, allerdings kann sich ein Vortrag bei den üblichen kurzen Redezeiten nur auf die wesentlichen Aspekte der Arbeit beschränken. Daher kommt der Ergebnisdarstellung besondere Bedeutung zu.

2 Projektmanagement

Das Berufsbild von Ingenieuren und Naturwissenschaftlern erfordert nicht nur ausgezeichnete fachliche Qualifikationen, sondern darüber hinaus gute Fähigkeiten zum interdisziplinären Denken und zum Bewerten aller an das jeweilige Problem angrenzenden Themenfelder. Die Bedeutung der Interdisziplinarität wird zukünftig aufgrund der Komplexität der hoch technisierten Umwelt und der zunehmenden Globalisierung der Problemstellungen, auch in ökonomischer Hinsicht, immer wichtiger. Dazu kommt eine verantwortungsbewußte Eigeninitiative bei gleichzeitiger Flexibilität und eine effektive Teamarbeit mit fachübergreifender Kommunikation, meist auch im betriebswirtschaftlichen und sozialen Bereich.

In den heute sehr spezialisierten, schnell wechselnden und gleichzeitig von starker Konkurrenz geprägten Märkten für Entwicklungen, Produkte und Dienstleistungen sowie im Rahmen der zunehmend eingeführten „flachen" Organisationsstrukturen „schlanker" Unternehmen (Leanmanagement) gewinnen die Projekttätigkeiten sehr stark an Bedeutung.

Dabei ist heute besonders im Ingenieurbereich die Optimierung von Produkten und Prozessen Gegenstand vieler Anstrengungen. Dazu werden meistens in bisher konstanten Abläufen variable Größen eingeführt, die nach einer bestimmten Strategie geregelt sind (z. B. Kennfeldzündung und -einspritzanlagen bei Verbrennungsmotoren). Da mithilfe der Mikroelektronik beliebige Regelungen kostengünstig zu realisieren sind und diese deshalb in immer neuen Feldern Einzug halten, kann man zu Recht vom Zeitalter der Optimierung sprechen.

Unter einem Projekt versteht man allgemein ein Vorhaben, das im Wesentlichen einmalig ist und unter zeitlichen, finanziellen und personellen Begrenzungen eine definierte Zielvorgabe möglichst optimal realisieren soll. Die Zielvorgabe kann dabei sehr verschieden sein. So zählen zum einen die Erforschung neuer Sachverhalte oder die Entwicklung bzw. Markteinführung eines neuen Produkts, zum anderen aber auch beispielsweise die Erarbeitung neuer Betriebsstrukturen, Produktionsmethoden, Produktionsstandorte oder anderer Problemlösungen dazu.

Das Projektmanagement muss immer das jeweilige Vorhaben strukturieren, Ressourcen, Termine und Kosten planerisch erfassen, eine Lösungsstrategie erarbeiten sowie die Einhaltung kontrollieren. Konzeption, Kooperation und Kommunikation sind in diesem Zusammenhang wichtige

Schlüsselbegriffe. Das universelle Konzept des Projektmanagements ist der Grund für die Anwendbarkeit bei fast jeder Problemstellung.

Für die erfolgreiche Abwicklung von Projekten sind generell Aufwandsschätzungen wichtig, bei denen der Arbeitsaufwand von Teilschritten und die zur Verfügung stehenden Ressourcen (inkl. Zeit) aufeinander abgestimmt werden. Ein effizientes Arbeiten muss immer investierten Aufwand und resultierendes Ergebnis gegeneinander abwägen. Deshalb wird man z.b. aus der Vielzahl der Anregungen dieses Leitfadens nur die jeweils wichtigen auswählen.

Aus diesen Überlegungen heraus sollte man eine studentische Arbeit als kleines Übungsbeispiel auffassen und daran auch einige Elemente des Projektmanagements, wie sie in DIN 69901 [25] definiert und z.B. in [31], [39] näher ausgeführt sind, kennen lernen und trainieren.

Für studentische Arbeiten bilden die Strukturanalyse mit Projektstrukturplan und die daraus abgeleitete Projektrealisierung mit Ablaufplan die wichtigsten Elemente.

2.1 Projektstruktur

Die Strukturanalyse zerlegt das Projekt (Problemfeld einer Aufgabenstellung) in sinnvolle, sich ergänzende Teilaufgaben, die es zu bearbeiten gilt (auch als Phasen oder Meilensteine bezeichnet, hier z.B. Einarbeitung, Informationsrecherche, Entwicklung von Lösungsvorschlägen, anzuwendende Untersuchungsmethoden, Auswertungsmethoden, Bewertung, Ausblick, Dokumentation). Der dazugehörende Projektstrukturplan **(Abb. 1),** der das Zusammenwirken dieser einzelnen Teilaufgaben verdeutlicht, enthält die Gliederungsstruktur der späteren Dokumentation

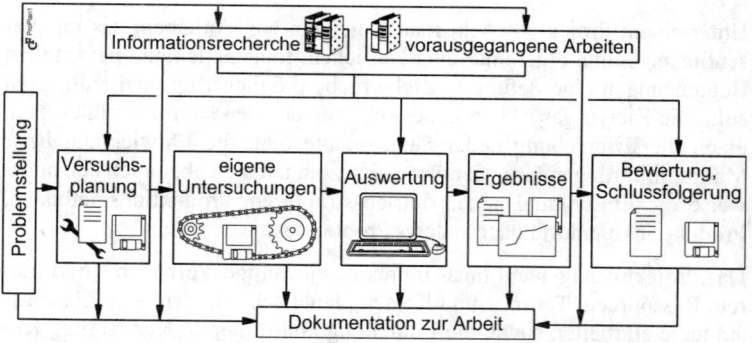

Abb. 1: *Allgemeiner Projektstrukturplan einer studentischen Arbeit*

zur Arbeit. Oft ist bei studentischen Arbeiten die Strukturanalyse schon in der Aufgabenstellung skizziert bzw. weitgehend durchgeführt.

Eine umfassende Beschreibung, auch von großen Projekten mit komplexen Strukturen, ist z. b. mit der Netzplantechnik möglich (DIN 69 900).

Wie man in Abb. 1 sieht, finden sich alle Bearbeitungsschritte in der Dokumentation zur Arbeit wieder. Daher ist die Erstellung einer Dokumentation ein zentraler Bestandteil einer studentischen Arbeit.

Das Flussdiagramm in **Abb. 2** stellt eine Grundstruktur zum Vorgehen bei der Erstellung einer vollständigen Dokumentation mit drei Phasen vor (Dokumentationsvorbereitung, Dokumentationserstellung, Fertigstellung). Die inhaltlich wichtigen Phasen sind die Strukturfestlegung und die Kapitelerstellung. Dabei ergibt sich die Gliederung aus dem Projektstrukturplan.

Technische oder naturwissenschaftliche Sachtexte benötigen unbedingt einen klaren Aufbau und eine Verzahnung der Aussagen, was durch Bezüge und Verweise zwischen Text, Grafikelementen und Verzeichnissen geschieht (vgl. Schritt Kapitelerstellung in Abb. 2). Deshalb sind immer wieder auch Iterationsschleifen zur kritischen Durchsicht für die Qualität der Dokumentation entscheidend.

Gleichzeitig zur Kapitelerstellung sollten auch das Quellenverzeichnis der Dokumentation entwickelt und die Materialien für den Anhang ausgewählt werden. Daher sind diese Stichworte ebenfalls im Schritt Kapitelerstellung zu finden und nicht erst beim Schritt äußere Form.

Details zu allen Schritten sind in den nachfolgenden Kapiteln zu finden (Kap. 3 bis 5).

2.2 Projektrealisierung

Die Projektrealisierung konzentriert sich bei studentischen Arbeiten auf die kontrollierte Umsetzung der Teilaufgaben aus der Strukturanalyse und vor allem auf die Einhaltung des Zeitrahmens (Zeitmanagement). Der Ablaufplan für die Abwicklung von studentischen Arbeiten in **Tab. 4** berücksichtigt alle wesentlichen Schritte.

Man erkennt schon an der Tab. 4, dass die Schritte im Zusammenhang mit der Erstellung einer Dokumentation einen relativ großen Anteil ausmachen (Punkte 4, 7, 8, 9, 10). Auch im außeruniversitären Bereich nimmt die Bedeutung der technischen Dokumentation zu, ausgelöst durch immer komplexere Produkte und Dienstleistungen, durch die Einführung von Qualitätsmanagementsystemen (DIN ISO 9000, [6]) sowie durch

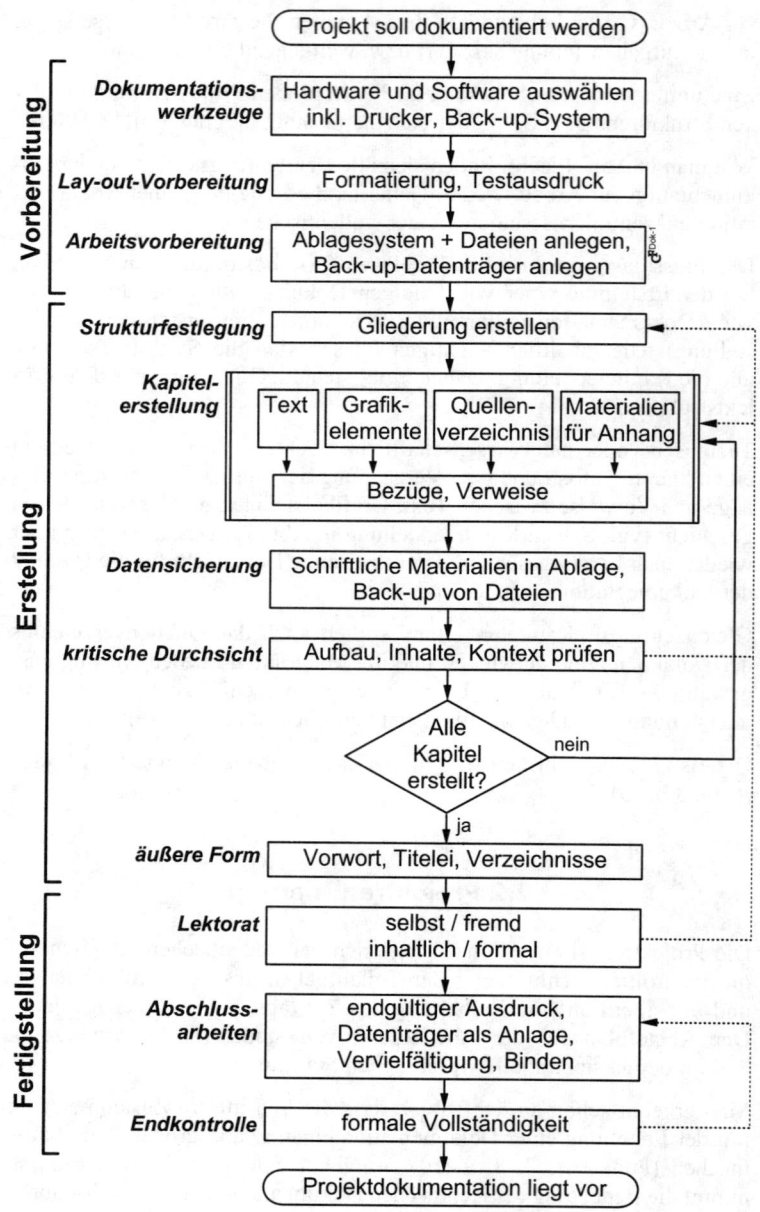

Abb. 2: *Flussdiagramm zur Dokumentation von Projekten*

Nr.	Bearbeitungsschritte
1.	Thema der Arbeit wählen (falls möglich), Randbedingungen klären
2.	Einarbeitung in Thematik, Messtechnik, Gerätebedienung, Software usw.
3.	Informationsrecherche zum Wissensstand (Ergebnisse in Quellenverzeichnis archivieren)
4.	Dokumentation vorbereiten (Ablagesystem anlegen, Hard- und Software auswählen, Back-up-System anlegen, Lay-out-Festlegung, Testausdruck)
5.	Eigene Untersuchungen (Beobachtung, Messung, Rechnung)
6.	Kommunikation, Projektbesprechungen
7.	Kapitelerstellung für Dokumentation inkl. kritischer Durchsicht (Text, Grafik, Materialien, Quellenverzeichnis)
8.	Datensicherung durchführen (Back-up, ggf. Back-up-Disketten erneuern)
9.	Fertigstellung der Dokumentation (Lektorat, Druck, Vervielfältigung, Endkontrolle, Daten auf Datenträger)
10.	Abgabe der Arbeit (Dokumentation inkl. Anlagen, Rückgabe fremder Gegenstände)
11.	Vorbereitung Abschlussvortrag
12.	Präsentation (durch Abschlussvortrag)

Tab. 4: *Ablaufplan für die Abwicklung von studentischen Arbeiten*

Verpflichtungen aus der gestiegenen Produkthaftung. Daneben wird bei der heutigen enormen Wissensmenge im Informationszeitalter die zielgerechte Aufarbeitung und Darbietung von Kenntnissen in einer überzeugenden Dokumentation immer wichtiger.

Eine genauere zeitliche Einordnung der 12 Schritte aus Tab. 4 enthält das Ablaufdiagramm in **Abb. 3.** Die hier gewählte zeitliche Einordnung ist natürlich in Teilen variabel. Jedoch wurde versucht, alle unabhängigen Tätigkeiten, wie z. B. die Dokumentationsvorbereitung (Punkt 4), an den Anfang zu legen. In dieser prinzipiellen Darstellung sagt die Balkenlänge nichts über den jeweiligen Arbeitsumfang aus.

An der Überlappung der Balken kann man sehen, dass die einzelnen Schritte meist parallel ausgeführt werden, insbesondere die Durchführung der Untersuchungen und die Dokumentationserstellung. Der Aufwand für einige Schritte kann drastisch reduziert werden, wenn Vorkenntnisse vorliegen (z. B. Einarbeitung) oder wenn bestehende Lösungen oder Methoden übernommen werden (z. B. Dokumentationsvorbereitung).

Für die Anfertigung einer aussagekräftigen Dokumentation (Punkte 4, 7, 8, 9 in Abb. 3) zu einer Studien- oder Abschlussarbeit muss man die Ar-

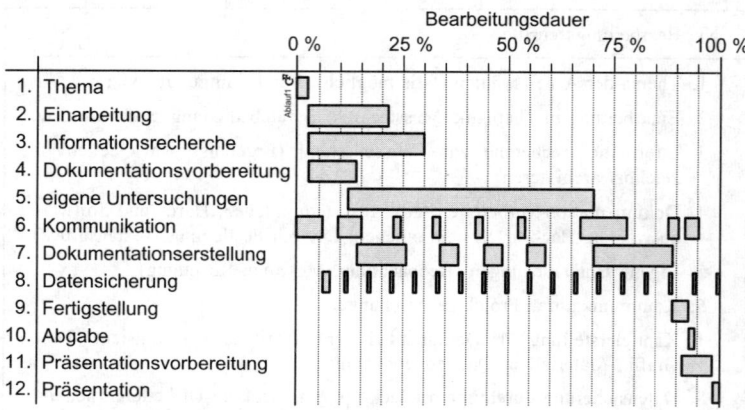

Abb. 3: *Ablaufdiagramm zu studentischen Arbeiten*

beitszeit von etwa 100 bis 150 Arbeitsstunden veranschlagen. Dieser Zeitbedarf sollte sich auf die Bearbeitungszeit der Aufgabe verteilen (wie in Abb. 3 gezeigt). Dabei bestätigt sich immer wieder, dass die EDV-Unterstützung bei der Erstellung eines gut durchdachten Textdokuments kaum zu einem Zeitgewinn führt, sondern vor allem zu einer entscheidenden qualitativen Verbesserung der schriftlichen Ausarbeitung. Um eine Übersicht über die investierte Arbeitszeit zu haben und diese ggf. auch nachweisen zu können, sollte man die Arbeitsstunden generell notieren.

Für die Planung der gesamten Bearbeitungszeit müssen natürlich auch Urlaubs- oder Abwesenheitszeiten (von Studierendem und Betreuer) und die Verfügbarkeit von benötigten Geräten, Maschinen, Prüfständen oder Rechnern berücksichtigt werden. Bei der Zeitplanung zur Abwicklung der gesamten Arbeit sollte man eine Zeitreserve von etwa 5 % der Gesamtbearbeitungszeit einplanen, da erfahrungsgemäß immer an einer Stelle eine Verzögerung eintritt. Dies ist besonders bei zeitlimitierten Abschlussarbeiten wichtig.

Schon zu Beginn der Arbeit sind die Vorgaben des jeweiligen Instituts zu Umfang und Form der Dokumentation zu klären, damit diese von Anfang an berücksichtigt werden können. Für eine erfolgreiche Bearbeitung einer Aufgabenstellung sind Projektbesprechungen mit dem Betreuer in gewissen Zeitabständen sehr wichtig, am besten wöchentlich. Zu solchen Besprechungen sollte man sich für die gezielte Klärung von offenen Fragen vorbereiten und dazu Notizen machen. Bei Besprechungen ist u. a. wichtig, auch Probleme bei der Arbeit zu diskutieren, da sonst dem Betreuer bestehende Schwierigkeiten oft nicht bewusst werden.

Es hat sich bewährt, ein strukturiertes Ablagesystem anzulegen: Zum einen sammelt man die recherchierte Literatur zum Thema (in Kopien), zum anderen alle Textversionen und Grafikelemente, die in die Dokumentation zur Arbeit aufgenommen werden sollen, mit Angaben zu Dateinamen bzw. Quelle. Schließlich legt man eigene Aufzeichnungen, wie z. B. Berechnungen, Notizen, Listings, gesondert ab. So kann man jederzeit auf alle Materialien der entstehenden Arbeit zugreifen. Auf allen nicht gebundenen Ausdrucken sollte das Druckdatum und der Dateiname nicht fehlen. Besonders das frühzeitige Sammeln von Illustrationsmaterial für die spätere Dokumentation ist wichtig.

Ein wichtiger Faktor für die Abwicklung einer Projekttätigkeit ist heute der effektive Einsatz der EDV und die dazugehörende Arbeitsweise. Im Fall von studentischen Arbeiten gehören dazu Hard- und Softwareauswahl, die zeitintensive Datenerstellung und ein angepasstes Dateimanagement (Organisation der Projektdaten in Dateien, regelmäßige Erstellung von verlässlichen Sicherungskopien, Vermeidung von Anhäufungen nie mehr benötigter Daten, die nur Speicherplatz belegen). Man sieht im Ablaufdiagramm (Abb. 3), dass sich ein großer Zeitanteil durch die Tätigkeiten in Verbindung mit der EDV ergibt, der stark reduziert werden kann, wenn ausreichende Vorkenntnisse vorliegen. Näheres zum Einsatz der EDV findet sich in Kap. 8.

Ein abschließendes Lektorat vor der Abgabe der Arbeit ist unabdingbar, da erfahrungsgemäß die Fehlerhäufigkeit auch bei intensiver Fehlersuche nur asymptotisch gegen null geht.

Grundsätzlich sollte die Arbeit mindestens eine Woche vor dem Abgabetermin fertig erstellt sein, da die Kontrolle, der endgültige Ausdruck und das Kopieren mit Bindearbeiten erfahrungsgemäß die letzten Tage in Anspruch nehmen (Kap. 5).

Generell ist heute bei den häufig durchgeführten Optimierungen von Produkten und Prozessen die Suche nach bereits bestehenden Lösungen oder Lösungsansätzen für die Effizienz besonders wichtig (z. B. Literaturrecherche, Patentrecherche oder Internetrecherche).

Auch gilt allgemein im Projektmanagement, dass Schlüsselentscheidungen mit grundlegenden Folgen für das Projekt rechtzeitig und gut überlegt getroffen werden sollten (z. B. Parameterauswahl für umfangreiche, nichtwiederholbare Versuchsreihen oder Softwareauswahl für die Bearbeitung großer Datenmengen). Hier lohnt es sich, ausreichend Zeit zu investieren.

Eine Entscheidungsfindung kann bei eindeutigen Zielen und Lösungsalternativen, die ausreichend determiniert sind, mit einer Entscheidungsmatrix und einer Punktbewertung geschehen (gut konditionierte Problemstellungen).

	Ziele Z_k $(\Sigma\, g_k = 1{,}0)$			zwingend?	Bewertung der L_i
	Z_1	Z_2	Z_3		Ausreichende Erfüllung aller zwingenden Ziele?
Gewichtung der Ziele g_k	0,4	0,4	0,2		
Ziel ist zwingend?	ja			$\Sigma e_{ik}\, g_k$	
Lösungs-alternativen L_i $\quad L_1$	0,3	0,8	0,6	0,56	nein
L_2	0,6	0,4	0,9	0,58	ja ◄— gewählte Lösung
L_3	0,4	0,9	0,5	0,62	nein

Erfüllungsgrade $e_{ik} = 0\ldots1$ $\qquad\qquad$ $\Sigma e_{ik}\, g_k = 0\ldots1$

Abb. 4: *Entscheidungsmatrix mit Punktbewertung der Lösungsalternativen L_1 bis L_3*

Abb. 4 zeigt das Vorgehen für drei Ziele Z_k und drei mögliche Lösungsvarianten L_i. Dabei können z. B. die Ziele verschiedene Anforderungen an eine Konstruktion bedeuten und die Lösungsalternativen verschiedene Konstruktionsprinzipien repräsentieren (vgl. Kap. 7.3). Die Wichtigkeit der Ziele wird mit den Gewichtungsfaktoren g_k festgelegt, deren Summe 1,0 ergeben sollte. In Abb. 4 muss das erste Ziel Z_1 in jedem Fall erreicht werden. Die Erfüllungsgrade e_{ik} beschreiben die Tauglichkeit der Lösungsvarianten für die einzelnen Ziele. Alle Daten in unterlegten Feldern müssen vom Entscheider festgelegt werden.

Dies zeigt, dass man das Problem sehr gut kennen muss. Die gesonderte Behandlung von zwingenden Zielen stellt zwar sicher, dass diese auch von der ausgewählten Lösungsvariante erfüllt werden. Die Matrix kann jedoch keine Auskunft darüber geben, ob weitere Ziele oder mögliche Lösungswege vergessen wurden oder ob die Faktoren evtl. falsche Gewichtungen erzeugen. Die Stärke einer Entscheidungsmatrix liegt hauptsächlich im Strukturieren von Alternativen. Die errechnete Punktbewertung (scoring) kann nur erste Hinweise für eine Entscheidung liefern. Für schlecht konditionierte Probleme gibt es andere Entscheidungshilfen (sog. Managementtechniken, z. B. Portfolioanalyse oder Decision-Tree-Analysis, vgl. Kap. 9.1).

Zum Schluss des Kapitels noch ein praktischer Hinweis zur Arbeitsweise: Bearbeitet man mehrere Projekte gleichzeitig (z.B. eingeschobene Prüfungen in anderen Fächern) oder wird die Arbeit länger unterbrochen, so lässt sich das Projekt schneller und einfacher wieder aufnehmen, wenn man beim Verlassen des Arbeitsplatzes vorher eine kleine Erinnerungsnotiz zum nächsten erforderlichen Arbeitsschritt in den Unterlagen abgelegt hat.

3 Inhaltliche Gestaltung einer Dokumentation

3.1 Gliederung

Die Gliederung ist das Traggerüst einer Dokumentation. Ihr Aufbau entscheidet über die Vollständigkeit, Verständlichkeit, Übersichtlichkeit und Nachvollziehbarkeit und damit über den späteren Gebrauchswert der Ergebnisse aus der jeweiligen Arbeit. Sie muss deshalb gut überlegt sein. Die endgültige Gliederung wird iterativ im Zusammenspiel mit dem Fortgang und den Ergebnissen der Untersuchungen erarbeitet. Hier liegt eine der Stärken moderner Textverarbeitung.

Eine Gliederung sollte man unmittelbar nach der Einarbeitung entwerfen, wenn die Abfolge der Untersuchungen in etwa klar ist. Dies hat den Vorteil, dass man schon frühzeitig einen „roten Faden" für seine Tätigkeiten hat und dass einem rechtzeitig bewusst wird, welche Untersuchungen welchen Stellenwert für die Arbeit besitzen. Eine richtig strukturierte Gliederung erleichtert auch das Schreiben der einzelnen Kapitel wesentlich. Eine beispielhafte Gliederungsstruktur zeigt **Tab. 5.**

Aus den Zielen einer Dokumentation (Kap. 1.3) ergibt sich weitgehend der Aufbau einer Gliederung. Die Gliederungstiefe und die Kapitelbezeichnungen müssen dem jeweiligen Problemfeld angepasst und im Vergleich zu Tab. 5 erweitert oder gekürzt werden.

Die Gliederung sollte kurze, treffende Kapitelbezeichnungen ohne einleitende Artikel aufweisen und nicht zu kompliziert verschachtelt sein; als sinnvoll gelten ca. 5 bis 8 Hauptkapitel und maximal 3 Gliederungsebenen. Jede tiefste Gliederungsebene muss mindestens zwei Kapitel aufweisen, anderenfalls kann diese Ebene eingespart werden. Trotz detaillierter Strukturierung darf man die Dokumentation nicht mit Minikapiteln „zergliedern".

Die Formulierung der Überschriften muss den Inhalt mit sehr wenigen Worten charakterisieren und daher gut überlegt werden. Fragesätze sind als Überschrift nicht geeignet, da eine wissenschaftliche Dokumentation Informationen neutral weitergeben soll. Überschriften beginnen immer mit Großbuchstaben, enthalten keine in Klammern stehenden Begriffe und sollten nur eine Zeile beanspruchen. Auch Kommaaufzählungen sind i. Allg. ungeeignet.

Die Hauptkapitel beginnen mit einer nach den Verzeichnissen folgenden

Kapitel mit Nummerierung	Erläuterung
Aufgabenstellung	Aufgabenblatt der Hochschule
Titel	eigenes Titelblatt zur Arbeit
eidesstattliche Erklärung	nur bei Abschlussarbeiten
Vorwort	optional, bis hierher keine Seitennummerierung
Inhaltsverzeichnis	
Verzeichnis der Tabellen und Abbildungen	ab hier im Inhaltsverzeichnis aufgeführt
Verzeichnis der Formelzeichen	
und Abkürzungen	
1 Kurzfassung	max. 1 Seite, „Aushängeschild"
2 Einleitung, Problemstellung, Motivation	Einbindung in das wiss. Umfeld
3 Grundlagen, Theorie, Vorarbeiten	„benötigte Voraussetzungen"
4 Eigene Untersuchungen, Messungen, Berechnungen	„Lösungsstrategie"
4.1 Untersuchungsmaterial	
4.2 Geräte, Software	
4.3 Methode A	
4.4 Methode B	
4.5 Durchführung	
5 Ergebnisse	„Neuigkeiten"
5.1 Teilergebnisse aus Methode A	
5.2 Teilergebnisse aus Methode B	
5.3 Gesamtergebnis	
6 Bewertung und Ausblick	Schlussfolgerungen, „Botschaft"
7 Anhang	
7.1 Materialien	Messprotokolle, Formulare, Plots, Zeichnungen, Pläne, Listings
7.2 Glossar	
7.3 Quellenverzeichnis	
7.4 Sachwortregister	optional

Tab. 5: *Prinzipieller Aufbau einer Gliederung*

Kurzfassung (Inhaltsreferat, engl. abstract). Diese enthält eine komprimierte Inhaltsangabe zur Dokumentation mit der stichpunktartigen Auflistung der wichtigsten Ergebnisse.

Sie muss unabhängig von den anderen Kapiteln verständlich sein und sollte maximal nur eine Seite umfassen, damit der Leser die Gelegenheit hat, in wenigen Sekunden zu wissen, was ihn beim Lesen der Dokumentation erwartet.

Die Struktur der folgenden Kapitel der Arbeit (Nr. 2 bis 8 im Gliederungsschema der Tab. 5) hängt natürlich stark von der Thematik ab. Von den im Schema mit Komma getrennten Bezeichnungen einer Kapitelnummer ist eine zu wählen bzw. sind diese anzupassen. Gegebenenfalls können weitere Unterteilungen in einer dritten Gliederungsebene eingefügt werden. Zur theoretischen Aufarbeitung der Thematik sollte nicht der Begriff „Allgemeines" gewählt werden, da dieser zu unpräzise ist. Besser ist hier „Grundlagen der ...". Für eine Einleitung in die Arbeit eignet sich auch die Darstellung des jeweiligen Projektstrukturplans (Kap. 2) mit dazugehöriger Erläuterung in einem Einleitungskapitel.

Den Abschluss der Arbeit bilden Materialien im Anhang sowie die Disketten mit den Text- und Bilddaten der Dokumentation. Die Auswahl der in Tab. 5 aufgeführten Verzeichnisse muss von Fall zu Fall entschieden werden (vgl. Kap. 3.5).

3.2 Titelei

Mit Titelei bezeichnet man alle Seiten eines Druckwerkes, die vor dem Haupttext angeordnet sind. Dazu gehören Aufgabenblatt, Titelblatt, eidesstattliche Erklärung, Vorwort, Inhaltsverzeichnis, evtl. das Verzeichnis der Tabellen und Abbildungen sowie das Verzeichnis der Formelzeichen und Abkürzungen.

3.2.1 Titel und eidesstattliche Erklärung

Die Dokumentation sollte mit der Aufgabenstellung des Instituts auf dem ersten Blatt beginnen, gefolgt von einer eigenen Titelseite. Diese Titelseite muss das Thema der Arbeit, die Art der Arbeit (z. B. Diplomarbeit), die genaue Bezeichnung der Ausbildungsstätte, den Namen des Verfassers sowie Ort, Monat und Jahr der Fertigstellung enthalten.

Eine eidesstattliche oder ehrenwörtliche Erklärung des Verfassers, dass die Arbeit nur mit den im Quellenverzeichnis angegebenen Hilfsmitteln erstellt wurde, ist i. Allg. nur bei Abschlussarbeiten, also Examens- und

Diplomarbeiten nötig, die rechtsbegründenden Charakter haben, indem sie zum Führen eines akademischen Titels berechtigen. Hier sind die Vorschriften der jeweiligen Prüfungsordnung entscheidend.

Eine solche Erklärung erfolgt auf einer eigenen Seite direkt nach dem Titelblatt und könnte lauten: „Hiermit erkläre ich an Eides Statt, dass ich die vorliegende Arbeit selbstständig verfasst und keine anderen als die angegebenen Hilfsmittel verwendet habe." (Ort – Datum – eigenhändige Unterschrift)

3.2.2 Vorwort

Das Vorwort beschränkt sich bei studentischen Arbeiten im Wesentlichen auf die Danksagung an Personen, die z. B. durch persönliche Begleitung, Dienstleistungen, Diskussion oder Anregungen die Arbeit unterstützt haben. Ein Vorwort ist keine Inhaltsangabe oder Kurzfassung. Es kann vor oder nach dem Inhaltsverzeichnis erscheinen, ist jedoch nicht unbedingt nötig und bei verschiedenen Instituten auch nicht üblich. Dem Betreuer, dem die Arbeit ja auch zugute kommt, muss nicht gedankt werden. Das Vorwort darf maximal eine Seite umfassen.

3.2.3 Verzeichnisse

Das Inhaltsverzeichnis listet die Kapitelüberschriften der Dokumentation mit der Seitenzahl des Kapitelbeginns auf. Gliederungspunkte vor dem Inhaltsverzeichnis werden nicht aufgelistet und auch nicht mit einer Seitennummerierung versehen. Erstreckt sich ein Inhaltsverzeichnis über mehrere Seiten, so wird es traditionell unabhängig vom Haupttext meist römisch nummeriert. Die Seitenzählung der Dokumentation mit arabischen Ziffern beginnt dann unmittelbar nach dem Inhaltsverzeichnis. Heute erscheint es beim EDV-Einsatz mit automatisierter Seitenzählung jedoch angebracht, eine durchgängige Seitenzählung mit dem Titelblatt bei 1 zu beginnen und die arabischen Seitenzahlen ab dem Inhaltsverzeichnis auszudrucken. Am übersichtlichsten ist ein einseitiges Inhaltsverzeichnis, wenn die Zahl der Kapitel dies zulässt.

Da sich die endgültige Gliederung einer Dokumentation in deren Inhaltsverzeichnis wieder findet, gibt schon der Blick auf dieses einen ersten Hinweis auf die Qualität der Arbeit.

Das anschließende Verzeichnis der Tabellen und Abbildungen ist eine Liste der Bildunterschriften mit ihrer Nummerierung und der Seitenangabe, auf der sie in der Dokumentation zu finden sind. Wenn Tabellen und Abbildungen gesondert nummeriert sind, werden beide auch getrennt aufgelistet (vgl. auch Verzeichnis in diesem Leitfaden). Ein Verzeichnis der Tabellen und Abbildungen ist für nachfolgende Leser beim Nachschlagen hilfreich, jedoch nicht zwingend erforderlich.

Werden in der Arbeit häufig Formelzeichen und nicht allgemein bekannte Abkürzungen für Fachbegriffe verwendet, so ist ein Verzeichnis der Formelzeichen und Abkürzungen notwendig, das sich an das Abbildungsverzeichnis anschließt. Formelzeichen, Indizes und Abkürzungen werden getrennt aufgelistet.

Bei den Formelzeichen müssen zusammengehörende Größen auch in Abweichung von den Sortierregeln nach DIN 5007 (siehe Kap. 4.5) unmittelbar nacheinander aufgeführt werden, z. B. ΔF_1 nach F_1.

Eine interessante Alternative zur Anordnung des Formelzeichenverzeichnisses in der Titelei ist die Positionierung im Anhang der Arbeit auf einem ausklappbaren Blatt DIN A3, sodass der Leser die Formelzeichen während des Lesens jederzeit einsehen kann. Voraussetzung dafür ist, dass das Verzeichnis nur eine Seite umfasst.

3.3 Texterstellung

3.3.1 Inhalte

Der Text der Dokumentation zu einer studentischen Arbeit muss nach Kap. 1.3 bzw. Kap. 3.1 die Einbindung der Thematik in das wissenschaftliche Umfeld, die Problemanalyse, die Beschreibung des Lösungsweges sowie die erlangten Ergebnisse wiedergeben. Eine Bewertung der Ergebnisse der Arbeit und ein Ausblick bieten sich zum Abschluss an. Dabei müssen die dargestellten Untersuchungen auch für fremde Personen nachvollziehbar sein. Dies zeigt, dass für die Abfassung von längeren Sachtexten immer zuvor eine Gliederung erarbeitet werden muss (vgl. Kap. 3.1).

Die zentrale Problematik der Texterstellung ist, sachlich richtig und vollständig zu formulieren, ohne dabei lange Abhandlungen zu schreiben, die die eigentlichen Kernaussagen verstecken. Überflüssig sind Ausführungen zu Aspekten, die der Zielgruppe in jedem Fall bekannt sind. Dazu zählt vor allem die Herleitung von Grundlagenwissen der jeweiligen Disziplin, also z. B. das Herleiten allgemein bekannter mathematischer Zusammenhänge in physikalischen Arbeiten. In Grenzfällen ist ein Verweis auf eine treffende Literaturstelle angebracht.

Inhaltlich sollten in einem Kapitel (durch die Gliederung festgelegt) erfahrungsgemäß 5 bis 15 Aspekte behandelt werden. Dazu zählt die verständliche Formulierung der Kernaussagen mit Begründung sowie das Aufzeigen von Zusammenhängen und Querverweisen zwischen den behandelten Aspekten. Zur Auswahl der richtigen Inhalte helfen die Kriterien:

Welche Kernpunkte behandelt dieses Kapitel?
Was muss hier unbedingt dargestellt werden?
Was ist verzichtbar oder wird an anderer Stelle dargestellt?
Wo sind Querverweise erforderlich?

Die Wiedergabe von Aussagen anderer Autoren oder eine Bezugnahme darauf geschieht immer durch Quellenverweise, damit ein Leser u. U. die angegebene Literatur nutzen kann und die Urheberrechte gewahrt bleiben. Darüber hinaus dienen Quellenverweise der Bestätigung eigener Aussagen oder Thesen durch den Hinweis auf andere Fachautoren. Die im geisteswissenschaftlichen Bereich weit verbreitete Verwendung von Zitaten spielt im technisch-naturwissenschaftlichen Bereich kaum eine Rolle. In diesen Fällen wird die betreffende Aussage sinngemäß zusammengefasst mit Hinweis auf die Quelle wiedergegeben.

Quellenangaben werden durch ihre jeweilige Referenznummer im Quellenverzeichnis, u. U. mit der Seitenzahl der Literaturstelle in der Quelle ausgeführt, wie z. B. [47] oder [23, S. 341]; vgl. auch Kap. 3.5.4 und Kap. 4.4.

Da alle grafischen Elemente die Aussagen des Textes veranschaulichen sollen, muss umgekehrt auch der Inhalt jeder Tabelle, Abbildung und jedes Diagramms im Text erwähnt und kurz erläutert werden. Das führt dazu, dass im Text ein Verweis auf jedes Grafikelement zu finden sein muss. Zunächst wird der Inhalt des Grafikelements in den wichtigen Punkten beschrieben und anschließend der dargestellte Zusammenhang begründet, interpretiert bzw. bewertet (vgl. Abb. 19 b, S. 64).

Im Haupttext der Arbeit kommt es nicht auf die Darstellung umfangreicher Datenlisten mit Einzelmesswerten an, sondern auf die Vermittlung der wichtigen Untersuchungsergebnisse mit dem ermittelten typischen Verhalten, gezeigt anhand der aussagekräftigsten Zahlenwerte. Größere Datenlisten gehören daher in den Anhang der Dokumentation.

Jedes bereits verfasste·Kapitel sollte man unbedingt mit gedanklichem Abstand nach einiger Zeit prüfen und hinsichtlich der Inhalte und der Gestaltungsgrundsätze (Gliederung) neu bewerten und ggf. korrigieren. Damit wird deutlich, dass eine gute Dokumentation nicht in wenigen Tagen entstehen kann. Am besten lässt man die Arbeit von einer anderen Person, z. B. einem Bekannten oder Kommilitonen, lesen und beurteilen.

Tab. 6 fasst die inhaltlichen Aspekte bei der Texterstellung zusammen.

3.3.2 Sprachliche Darstellung

Beim Verfassen von Texten ist für die richtige Formulierungsweise immer die angesprochene Zielgruppe maßgebend. Bei studentischen Arbei-

1. Inhalte gemäß der Gliederung (Kap. 3.1) aufteilen

2. Keine Herleitung oder ausgiebige Wiederholung von Grundlagenwissen

3. Aussagen nach Prioritäten sortieren und nicht ineinander verschachtelt darstellen

4. Kernaussagen betonen

5. Etwa 5 bis 15 Kernpunkte in einem Kapitel

6. Keine Doppelnennung gleicher Sachverhalte

7. Zusammenhänge darstellen und Querverweise sowie Quellenverweise angeben

8. Verweise auf alle Grafikelemente (Abbildungen, Tabellen, Diagramme, Formeln)

9. Bereits verfasste Kapitel von Zeit zu Zeit neu bewerten und bei Bedarf überarbeiten

Tab. 6: *Inhaltliche Aspekte der Texterstellung*

ten sind dies primär die Mitarbeiter des betreffenden Instituts oder Fachbereiches sowie nachfolgende Studierende, die sich in die Thematik einarbeiten und diese in Fortsetzungsarbeiten aufgreifen wollen. Gerade für die zweitgenannte Gruppe ist eine Darstellung des Umfeldes, Verweise auf naturwissenschaftlich-technische Grundlagen, Hinweise zur praktischen Durchführung sowie ein ausführliches Literaturverzeichnis von großer Bedeutung.

Die Qualität einer Dokumentation liegt zu einem großen Teil in der verständlichen Komprimierung der Inhalte und ihrer gelungenen sprachlichen Darstellung (**Tab. 7**). Nur durch eine prägnante Formulierungsweise sind dem Leser die Informationen leicht zugänglich. Ein Einleitungssatz zu Beginn jedes Kapitels erleichtert den Einstieg in die jeweilige Thematik.

Die verwendete Schriftsprache sollte neutral beschreiben und durchgängig Präsens oder Imperfekt verwenden. Grundsätzlich sollte man positiv formulieren, z. B. statt einer Beschreibung von Fehlern in der Vergangenheit auf ein verbessertes Vorgehen in der Zukunft hinweisen.

Beim Satzbau muss darauf geachtet werden, dass die grammatikalischen Konstruktionen gut lesbar sind, z. B. keine doppelten Verneinungen, keine überflüssigen Nebensätze oder Attribute zu Satzteilen. Ein aktiver Satzbau ist dem Passiv vorzuziehen, da Passivkonstruktionen immer komplizierter aufgebaut sind. Auf eine persönliche Anrede, z. B. „Ich habe berechnet …" oder „… müssen Sie beachten", auf Ausrufezeichen

angemessene Formulierung	nicht geeignete Formulierung
... Die vorliegenden Ergebnisse der Dauerfestigkeitsprüfungen erlauben aufgrund der geringen Probenanzahl keine Aussage über eine Streuung des Werkstoffes. Für eine statistische Absicherung sollten mindestens 25 Proben geprüft werden.	... Im Folgenden soll eine kurze Erläuterung zu den Ergebnissen aus den standardmäßig durchgeführten Dauerfestigkeitsprüfungen gegeben werden: Es zeigte sich, dass die Ergebnisse bezüglich des Nichtvorhandenseins von Werkstoffstreuungen nicht aussagefähig waren! Dies hätte natürlich trivialerweise von vornherein eingesehen werden können, wenn man nur die minimale Probenmenge betrachtet hätte!
... Unter der Wirkung der Betriebskraft kann das Gehäuse vom Fundament abheben, wenn die Reaktionskräfte in den Lagern nicht ausreichen.	... Die Kraft will das Teil abdrücken.

Tab. 7: *Beispiele für Textformulierung*

am Satzende und auf Übertreibungen durch die Verwendung von Superlativen wird zugunsten eines sachlichen Berichtsstiles verzichtet. Auch eine Häufung von Erläuterungen in Klammern stört den Lesefluss. Nebensätze, die mit „..., das heißt" eingeleitet werden, sind meist eine Nachbesserung einer schlechten vorausgegangenen Formulierung und sollten deshalb vermieden werden.

Die Wortwahl richtet sich nach gebräuchlicher Begriffsbildung ohne Dialektausdrücke und ohne übertriebene Anwendung von Anglizismen (z. B. nicht Keyboard statt Tastatur). Für einen beschriebenen Zusammenhang wählt man auch nur einen treffenden Fachbegriff. Unpräzise Begriffe dagegen werfen beim Leser neue Fragen auf; problematisch sind relative Bewertungen ohne nähere Definition wie „richtig", „gut", „angemessen". Füllwörter, wie z. B. unschwer, des Öfteren, faktisch, heutzutage, viel versprechend oder trivialerweise, lässt man weg. Außer den Kapitelüberschriften enthält der Fließtext keine Zwischenüberschriften oder Abschnittstitel.

Auf Abkürzungen im Text sollte, abgesehen von Einheitenbezeichnungen, entweder ganz verzichtet oder damit sparsam umgegangen werden, da besonders unbekannte Abkürzungen immer den Textfluss stören. Allgemein anerkannt sind die Abkürzungen nach **Tab. 8**. Für die Klärung von unbekannten Abkürzungen oder Akronymen gibt es spezielle „Wörterbücher", z. B. [38] oder Internet http://www.chemie.fu-berlin.de/cgi-bin/acronym. Englische Abkürzungen enthält Tab. 20, S. 106.

Abkürzung	Bedeutung	Abkürzung	Bedeutung
a .a. O.	am angegebenen Ort	inkl.	inklusive
Abb.	Abbildung	Jg.	Jahrgang
Anm.	Anmerkung	Kap.	Kapitel
Ausg.	Ausgabe	lt.	laut
Bd., Bde.	Band, Bände	max.	maximal
bzw.	beziehungsweise	min.	minimal
d. h.	das heißt	Nr.	Nummer
Diss.	Dissertation	S.	Seite
e. g.	exempli gratia (z. B.)	s., s. a.	siehe, siehe auch
einschl.	einschließlich	sog.	so genannt
evtl.	eventuell	Tab.	Tabelle
et al.	et alii (und andere)	u. a.	und andere(s)
etc.	et cetera (usw.)	usw.	und so weiter
f.	folgende (Seite)	u. U.	unter Umständen
ff.	folgende (Seiten)	vgl.	vergleiche
ggf.	gegebenenfalls	Z.	Zeile, Zeitschrift
Hrsg., Hg.	Herausgeber	z. B.	zum Beispiel
i. Allg.	im Allgemeinen	z. T.	zum Teil

Tab. 8: *Abkürzungen in wissenschaftlichen Arbeiten*

In verschiedenen Bereichen der Technik sind darüber hinaus speziell definierte Abkürzungen im Gebrauch. Deren Bedeutung muss im Verzeichnis der Abkürzungen und Formelzeichen in Übereinstimmung mit dem Gebrauch im Fachbereich definiert werden. Am Satzanfang stehen keine Abkürzungen oder Symbole (z.B. Formelzeichen). **Tab. 9** enthält die Zusammenfassung der Hinweise zur sprachlichen Gestaltung.

3.4 Grafikelemente

Abbildungen, Tabellen, Diagramme und Formeln sind die zur Verfügung stehenden Elemente zur Veranschaulichung von Aussagen im Text einer Dokumentation **(Abb. 5)**. Komplexe Zusammenhänge werden durch sie erst verständlich, entsprechend der bekannten Redensart: „Ein Bild sagt mehr als tausend Worte." Grafikelemente sind daher immer an den Stel-

1. Sprachliche Darstellung auf Zielgruppe abstimmen: Komprimierung der Inhalte

2. Neutrale Schriftsprache, keine Anrede oder Ichform, einheitlicher Sprachstil in der gesamten Dokumentation

3. Durchgängig gleiche Zeitform verwenden (Präsens oder Imperfekt)

4. Präzise formulieren, aber keine überlangen Sätze, klarer Satzbau, Aktiv vor Passiv

5. Keine überflüssigen Satzattribute, keine überflüssigen Nebensätze

6. Keine doppelten Verneinungen, positiv formulieren

7. Keine Füllwörter

8. Treffende Begriffsbildung in Übereinstimmung mit dem Wortgebrauch im jeweiligen Fach

9. Keine unpräzisen Bewertungen, keine Ausrufezeichen

10. Keine Zwischen- oder Abschnittstitel ohne Nummerierung

11. Keine Häufung von Informationen in Klammern

12. Nicht zu häufige Verwendung von Abkürzungen, nie am Satzanfang

13. Rechtschreibung nach Duden

Tab. 9: *Übersicht über Aspekte der sprachlichen Gestaltung*

len im Text angebracht, wo komplexe Zusammenhänge eine verbale Beschreibung erschweren oder unmöglich machen. In technisch-naturwissenschaftlichen Texten sind Grafikelemente daher unabdingbar. Bei einer guten Illustration kann der Leser die wichtigsten Aussagen der Arbeit auch aus den Grafikelementen und Bildunterschriften ablesen.

Den unmittelbaren Bezug zwischen Text und Grafikelement stellen die Bildunterschrift mit Nummerierung und der entsprechende Verweis im Text her. Jedes Grafikelement muss im Text erfasst sein. Zur Nummerierung von Grafikelementen siehe Kap. 4.3.

Die Bildunterschrift muss den Inhalt der Grafik knapp, aber detailliert beschreiben. Auch muss in Text und Grafik die gleiche Bezeichnungsweise für die Fachbegriffe verwendet werden, z. B. dürfen nicht in Text und Bild die Begriffe Standzeit, Einsatzzeit, Nutzungsdauer und Lebensdauer mit gleicher Bedeutung oder ungenau definiert nebeneinander verwendet werden.

Über benötigte Grafikelemente sollte man frühzeitig nachdenken, damit man das verhältnismäßig zeitintensive Erstellen von Skizzen, Zeichnun-

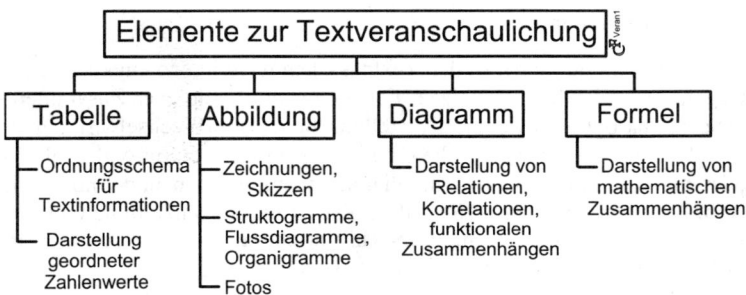

Abb. 5: *Übersicht über Grafikelemente zur Textveranschaulichung*

gen oder Diagrammen und das Anfertigen von Fotos rechtzeitig vor der Abgabe der Arbeit beginnen kann.

Üblicherweise beträgt das Verhältnis von Grafikelementen und Seitenzahl in einer Dokumentation etwa 1:2 bis 1:1.

Bei der Verwendung von Grafikelementen aus fremder Literatur im eigenen Text entsteht oft das Problem der unterschiedlichen Bezeichnungen von Variablen für die gleiche physikalische Größe zwischen Literaturquelle und eigener Dokumentation. Diese Bezeichnungen muss man dann anpassen (Eingriff in die Grafikelemente) oder, falls nicht anders möglich, zumindest ausdrücklich auf die unterschiedlichen Bezeichnungen hinweisen (z. B. im Verzeichnis der Formelzeichen).

3.4.1 Tabellen

Für die Darstellung vieler geordneter numerischer Daten oder strukturierter, kurzer Textinformationen sind Tabellen am besten geeignet. Die anschauliche Vermittlung von funktionalen Abhängigkeiten oder quantitativen Relationen übernehmen dagegen Diagramme in ihrer Typenvielfalt.

Tabellen tragen erheblich zur Verbesserung der Übersichtlichkeit einer Dokumentation bei. Sie werden in diesem Leitfaden den Grafikelementen zugeordnet, da sie eine frei wählbare Anordnung von Symbolen, Ziffern oder Text erlauben und auch wie Abbildungen und Diagramme eingesetzt werden.

Durch den Einsatz von Tabellen lassen sich sehr gut Übersichten, Ordnungsschemata und die Vermittlung von Prioritäten realisieren, die sich dem Leser leicht einprägen und auch beim Nachschlagen schnell die gewünschte Information bereitstellen. Dies ist die Funktion der meisten Tabellen in diesem Leitfaden. Hinweise zur Ausgestaltung von Tabellen finden sich in Kap. 4.2.1.

3.4.2 Abbildungen

Abbildungen sind immer in den Textpassagen wichtig, wo ein komplexer Gegenstand (Zeichnung, Skizze, Foto) oder ein komplexer Zusammenhang (Struktogramm für die Darstellung beliebiger Wechselwirkungen, vgl. Abb. 1), eine hierarchische Gliederung (Organigramm, vgl. Abb. 5) oder ein Handlungsablauf (Flussdiagramm mit Beginn und Ende, vgl. Abb. 2) beschrieben wird. Normalerweise ist für die Darstellung und Beschreibung von Geräten und Versuchseinrichtungen eine Abbildung in Form einer Skizze oder eines Fotos notwendig.

Eine Abbildung muss inhaltlich immer auf die gewünschte Aussage abgestimmt werden. In Skizzen und Fotos geschieht dies z. B. durch die dargestellte Perspektive, Weglassen von unwichtigen Details, Hinweispfeile mit Texthinweisen oder Hervorhebungen. In Struktogrammen stehen ebenfalls Hervorhebungen sowie die Wahl der Anordnung zur Verfügung. Nur dann arbeiten Text und Abbildung optimal zusammen. Aus diesem Grund ist die unveränderte Verwendung von Abbildungen aus der Literatur i. Allg. kritisch zu prüfen.

Generell müssen Skizzen einfach, aber treffend gestaltet werden. Das Wesentliche muß grafisch herausgearbeitet werden, z. B. durch Strichstärke, Hinweispfeile, Raster usw. Es ist wichtig, dass die Proportionen der Realität in der Darstellung nicht verzerrt werden, ganz besonders bei gepaarten Bauteilen, Lageskizzen oder Landkarten. Als Vorlage für qualitativ hochwertige Skizzen von Gegenständen dienen oft Fotos, die nach dem Einscannen vektorisiert und manuell nachbearbeitet werden (vgl. Kap. 8.3.3). In Abbildungen (besonders Fotografien) gibt man als Maßstab am besten eine Hauptabmessung oder einen Maßbalken an, da sich eine Maßstabsangabe mit Verhältniszahl in Abhängigkeit von der Skalierung der Grafik ändert.

Fotos sind eine sehr anschauliche Möglichkeit, das Aussehen von Gegenständen, z. B. von Geräten und Anlagen sowie von materiellen Ergebnissen wie z. B. Proben, Bauteilschädigungen oder Objekten in Biologie und Medizin, zu dokumentieren. Für die Reproduktion in einer studentischen Arbeit sind schwarzweiße Aufnahmen besser zu handhaben als farbige. Die Angabe von evtl. existierenden Archivnummern in der Bildunterschrift ist für nachfolgende Arbeiten sehr hilfreich.

Beim Fotografieren selbst sollte beachtet werden, dass der fotografierte Gegenstand oder das wichtige Detail formatfüllend abgebildet wird. Eventuell sollten unwichtige Randbereiche auch aus dem Bild herauslaufen. Weiterhin muss man den gezeigten Zustand des Motivs genau überlegen (Maschinen oder Geräte vorher reinigen, bei Maschinen i. Allg. Betriebszustand darstellen, Hintergrund beachten, helle und weiche Beleuchtung einrichten, ausreichende Zahl von Aufnahmen machen, Ansichten variieren). Anregungen zum Fotografieren finden sich in vielen Büchern, z. B. in [4, 15]. Bei Nahaufnahmen ist im späteren Foto ein Maßbalken zur Vermittlung der Vergrößerung notwendig. Ein Einsatz eines Blitzlichts ist immer problematisch, da dann während der Aufnahmen die wirkliche Beleuchtung nicht kontrolliert werden kann. Man sollte generell Filme mit erhöhter Empfindlichkeit verwenden (200 oder 400 ASA). Bei Farbaufnahmen und künstlicher Beleuchtung benötigt man ein Kunstlichtfilter oder eine Fotoleuchte mit kalter Farbtemperatur.

Die formale Gestaltung von Abbildungen ist in Kap. 4.2.2 beschrieben.

3.4.3 Diagramme

Diagramme dienen der Darstellung von (funktionalen) Abhängigkeiten zwischen mehreren Kenngrößen, die verschiedene Zahlenwerte annehmen können. Je nach Art und Anzahl dieser Kenngrößen sowie Art der Abhängigkeit existieren verschiedene Diagrammtypen für eine bestmögliche Verdeutlichung. Die wichtigsten Diagrammtypen für die Naturwissenschaften und Technik sind Kreisdiagramm, Koordinatendiagramm und Balkendiagramm. Jeder Diagrammtyp kann durch vielfältige Variationen im Lay-out, in der Achsenskalierung oder Zahl der verknüpften Größen (Dimension) der Aufgabe angepasst werden (vgl. Kap. 4.2.3).

Das Datenmaterial für Diagramme stammt entweder aus Beobachtungen, Messungen, Berechnungen oder fremden Literaturquellen. Daher muss aus dem Diagramm auch die Herkunft des Datenmaterials deutlich werden. Für die Aussagefähigkeit der Darstellung müssen im Diagramm immer Zusatzangaben vorhanden sein, wie sie in **Tab. 10** zusammengetragen sind. Die benötigten Angaben werden als Textblöcke in der Diagrammfläche oder rechts neben dem Diagramm so positioniert, dass sie

Darstellung gemessener Daten	Darstellung berechneter Daten
1. Angaben zum Versuchsaufbau (evtl. Skizze/Symbol)	Angaben zum Rechenmodell (evtl. Skizze/Symbol)
2. Angabe von Messbedingungen u. Versuchsparametern	Angabe von Parametern und Konstanten
3. Angabe der mathematischen Auswertealgorithmen zur Weiterverarbeitung der Messdaten	Angabe von verwendeter Hard- und Software (evtl. Symbole)
4. Angaben zur Statistik (Wiederholungen, Fehlerschranke)	Gültigkeitsbereich, Vertrauens- bereich,verwendete Vereinfachungen

Tab. 10: *Zusatzangaben in Diagrammen*

als Ergänzung erkennbar sind, jedoch nicht das Diagramm überladen. Eine Erfassung von Zusatzangaben im Diagramm ist auch deshalb von Vorteil, weil ein Leser nicht gleichzeitig Text und Bild erfassen kann, sondern immer nur nacheinander.

Unverzichtbar werden Zusatzangaben in Diagrammen, wenn diese losgelöst von der Dokumentation verwendet werden, z. B. bei der Präsentation der Arbeit im abschließenden Vortrag.

Enthält eine Achse eines Diagramms Zahlenwerte über mehrere Zehnerpotenzen, so ist eine logarithmische Achsenskalierung u.U. besser geeignet als die normalerweise übliche lineare. Dementsprechend gibt es je nach Wahl der Achsen einfach logarithmische und doppelt logarithmische Diagramme. Ein einfach logarithmischer Maßstab ergibt bei exponentiellen oder logarithmischen Abhängigkeiten eine Gerade im Diagramm, ein doppelt logarithmischer Maßstab erzeugt hingegen eine Gerade bei Potenzfunktionen. Allerdings muss der transformierte Kurvenverlauf beim Lesen eines logarithmischen Diagramms immer interpretiert werden; so liegt z. B. 1 % vom Zahlenwert genau 2 Dekaden tiefer und nicht bei 1 % der Strecke auf der Achse. Bei einer logarithmischen Skalierung können nur positive Funktionswerte dargestellt werden.

Abb. 6 zeigt eine lineare und logarithmische Achsenskalierung der Funktionswerte im Vergleich am Beispiel der Intensität von reflektierten Rönt-

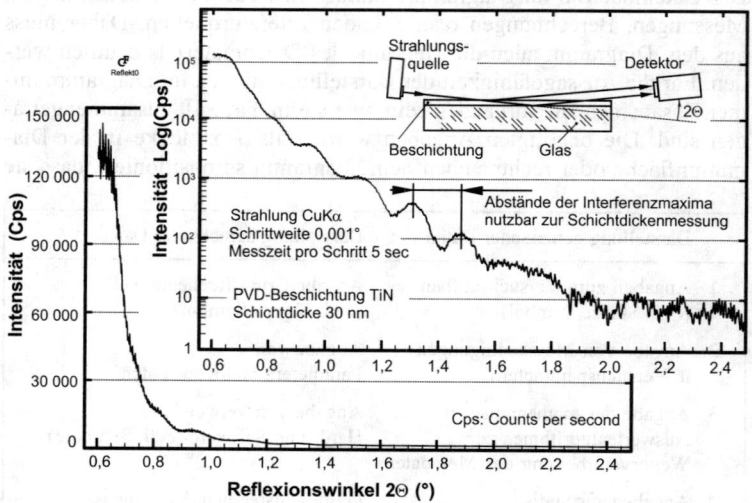

Abb. 6: *Diagramm mit linearer und einfach logarithmischer Skalierung am Beispiel der Reflektivität einer beschichteten Glasoberfläche für Röntgenstrahlen*

genstrahlen an einer beschichteten Glasoberfläche, wie sie zur Schichtdickenmessung im Bereich einiger nm herangezogen wird. Hier lässt nur die logarithmische Skalierung die auftretenden Interferenzmaxima deutlich erkennen, sodass man zur Auswertung darauf angewiesen ist.

Ändert sich eine abhängige, vorzeichengleiche Größe in einem Diagramm nur wenig, so wird oft die betreffende Größenachse ohne Nullpunkt gespreizt dargestellt, da dann die geringe Änderung verstärkt abgebildet wird (üblich im Bereich von Wertpapierkursen). In diesem Fall

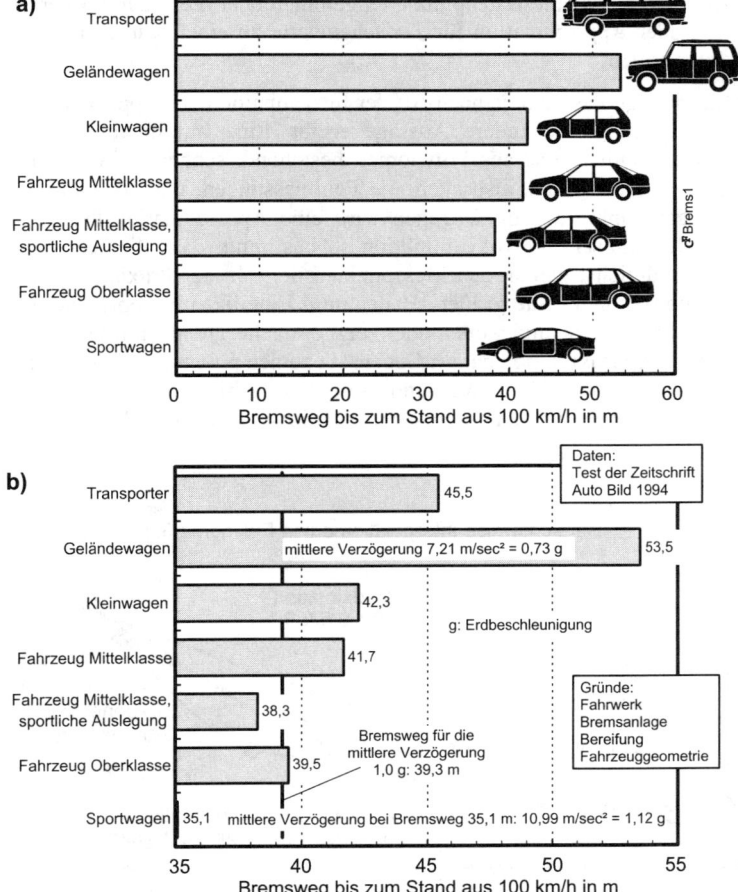

Abb. 7: *Diagrammdarstellung ohne (a) und mit (b) Nullpunktunterdrückung am Beispiel des Bremsweges verschiedener Kraftfahrzeuge*

spricht man von einer Nullpunktunterdrückung. Bei wissenschaftlichen Arbeiten sollte darauf i. Allg. verzichtet oder im Text auf die Nullpunktunterdrückung im Diagramm hingewiesen werden.

In **Abb.** 7 ist eine Darstellung ohne und mit Nullpunktunterdrückung im Vergleich zu sehen. Zur Vermeidung von Missverständnissen wurden im Teil b) die Bremswege für jeden Balken eingetragen.

Aus Messdaten abgeleitete oder mit komplexen Rechenmodellen, z. B. mit der Methode der finiten Elemente, ermittelte Diagramme entstehen immer aus einzelnen Datenpunkten. Für die Darstellung muss man genau überlegen, ob nur die Datenpunkte eingetragen oder diese durch Interpolation oder Approximation für Zwischenwerte zu einer Kurve erweitert werden sollen.

Abb. 8 zeigt, dass sich je nach Art der Interpolation oder Approximation im Diagramm eine andere Aussage ergibt. Eine Interpolationskurve, meist abschnittsweise aus Polynomen bestehend, schneidet immer alle diskreten Stützstellen, also auch alle Fehlmessungen, und schwingt um die Datenpunkte herum. Dagegen wird eine Approximationskurve als eine physikalisch sinnvolle Funktion so bestimmt, dass die Kurve im Mittel möglichst nah an den Messpunkten liegt. In der Praxis hat daher die Approximation die größere Bedeutung. Eine lineare Approximation erfasst lineare Abhängigkeiten oder zeigt einfache Trends auf. Die exponentielle Approximation hat im Gegensatz zu den polynomischen Approximationen keinen Extremwert und ist nur bei positiven Funktionswerten geeignet. Zur Berechnung von Approximationen siehe auch Kap. 8.4.

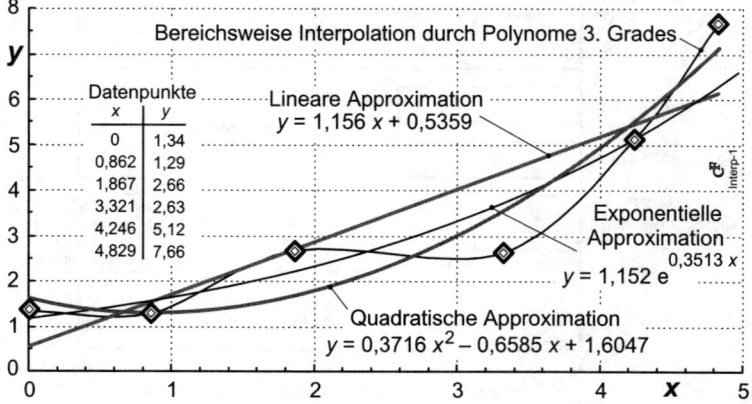

Abb. 8: *Interpolation und Approximation am Beispiel eines Kurvenverlaufs aus sechs Datenpunkten*

Maßgebend für eine Erweiterung ist, ob für die betrachteten Größen Zwischenwerte physikalisch sinnvoll sind. Liegen nur wenige Datenpunkte vor, ist i. Allg. ein Verbinden dieser Punkte durch Geradenstücke nicht ratsam, wenn kein linearer Zusammenhang besteht. Bei der Darstellung von Eigenschaften verschiedener diskreter Systemvarianten, z. B. verschiedener Fahrzeuge oder Untersuchungsmethoden, bieten sich grundsätzlich Balkendiagramme an.

Darüber hinaus müssen bei Interpolationen und Approximationen immer die zugrunde liegenden Datenpunkte (Stützstellen) und auch die Fehlerschranken erkennbar sein.

Abb. 9 enthält die approximierte Kennlinie einer Asynchronmaschine anhand von gemessenen Betriebspunkten für zwei unterschiedliche Läuferwiderstände R_z. Man sieht, dass einzelne Messpunkte nicht auf der Kurve liegen. Der Grund für Abweichungen kann immer in Nichtlinearitäten oder einer ungünstigen Fehlerfortpflanzung in der Messkette begründet sein (vgl. z. B. [29]).

Neben diesen grundlegenden Hinweisen zum Informationsgehalt von Diagrammen beschreibt Kap. 4.2.3 die Gestaltung für unterschiedliche Diagrammtypen.

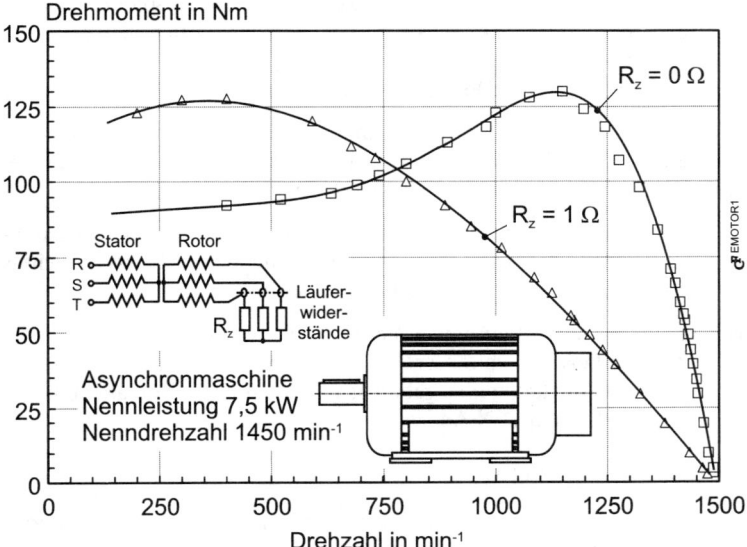

Abb. 9: *Diagramm mit Messpunkten und approximierter Funktionskurve am Beispiel einer gemessenen Kennlinie eines Elektromotors*

3.4.4 Formeln

Werden mathematische Zusammenhänge mit Formeln dargestellt, so gelten für die Art der Darstellung die allgemeinen Regeln für Grafikelemente (Kap. 4.2) und für den Formelsatz (Kap. 4.2.4). Darüber hinaus muss im Text die Anwendbarkeit der Formeln im jeweiligen Fall diskutiert werden, z. B. mit Hinweis auf die entsprechende Quelle. Bei eigenen Herleitungen stellt man zweckmäßigerweise nur die Ausgangsformel und die Endformel dar, wenn nicht unübliche mathematische Tricks zur Termumformung notwendig sind. Man kann davon ausgehen, dass der Leser die Gesetzmäßigkeiten der höheren Mathematik beherrscht. Dennoch muss man sich sicher sein, dass man nicht seine ganze Arbeit auf einem trivialen Rechenfehler aufbaut, der versteckt enthalten ist.

3.5 Anhang einer Dokumentation

Im Anhang einer Dokumentation werden alle Materialien gesammelt, die für das Verständnis der Ergebnisse zwar nicht unbedingt notwendig sind, die aber für interessierte Leser beispielsweise zur Fortführung der Arbeit von Nutzen sein könnten oder sogar erforderlich sind.

Bei Arbeiten mit großen anfallenden Datenmengen auf Papier, z. B. Literaturrecherchen oder EDV-Auswertungen großer Zahlenmengen, kann der Anhang auch einen oder mehrere Ordner mit Ergänzungen zur Arbeit umfassen, auf die in der Dokumentation verwiesen wird.

Die wichtigsten Bestandteile eines Anhanges werden nachfolgend in den Kapiteln 3.5.1 bis 3.5.6 aufgeführt. Dabei entspricht die Reihenfolge der Aufzählung derjenigen in der Dokumentation.

Der Anhang hat ein eigenes Titelblatt, das ihn vom Haupttext der Dokumentation abtrennt. Hier können in Ergänzung zum Inhaltsverzeichnis noch einmal die Kapitel des Anhanges aufgeführt werden.

Bezüglich des Seiten-Lay-outs bestehen beim Anhang im Gegensatz zum Hauptteil der Dokumentation große Freiheiten, da nicht alle Materialien in das Format des Hauptteiles gebracht werden können. Enthaltene Kopien sollten in etwa auf DIN A4 skaliert werden.

3.5.1 Datenverzeichnisse

Meist können und sollen im Haupttext der Dokumentation aus Gründen der Übersichtlichkeit nicht alle ermittelten Zahlenwerte oder verwendeten Informationen angegeben werden. Dies geschieht dann mithilfe von Verzeichnissen im Anhang. Im Text kommt es eben auf die Darstellung und Diskussion der wesentlichen Zusammenhänge und Erkenntnisse an, nicht auf die Auflistung jedes einzelnen Zahlenwertes oder jeder Hintergrundinformation. Mögliche Inhalte für Verzeichnisse im Anhang sind z. B. Auflistungen von Messdaten oder Berechnungsergebnissen, Parametersätze zu Messbedingungen, Listings zu Programmen, Datenblätter für elektrische Bauteile bzw. Maschinenelemente, Pläne, Montageanleitungen, Betriebsanleitungen, Wartungsanweisungen, Justieranleitungen, Stücklisten, Zusammenstellungen von verwendeten Kennwerten, Konstanten und anderen Parametern.

3.5.2 Skizzen und Zeichnungen

Besonders bei konstruktiven Arbeiten fallen Skizzen und Zeichnungen im Anhang an. Wegen des großen Formats sind die entsprechenden Faltungen nach Abb. 30, S. 102, oft nicht zu umgehen. Für eine ausreichende Handhabbarkeit sollten dennoch möglichst Zeichnungsformate DIN A4 und DIN A3 verwendet werden, was sich bei der Zeichnungserstellung mit EDV durch geeignete Skalierung beim Ausdrucken und eine Verteilung der Zeichnungsinhalte auf mehrere Zeichnungsblätter realisieren lässt (vgl. Kap. 8.3).

3.5.3 Glossar

Unter einem Glossar versteht man eine Auflistung von Fachbegriffen mit Erklärung und/oder Übersetzung.

Wird eine Dokumentation in einer Fremdsprache verfasst, z.B. bei Anfertigung der Arbeit im Ausland, so empfiehlt sich die Aufnahme eines Glossars, das die spezifischen Fachbegriffe der Landessprache des Autors (z. B. Deutsch) und der Textsprache (z. B. Englisch) übersetzt, um die Dokumentation auch für Leser, die nur über Grundkenntnisse einer Fremdsprache verfügen, zugänglich zu machen.

Daneben kann ein Glossar mit Fachbegriffen dann sinnvoll sein, wenn die Dokumentation von fachfremden Personen gelesen und verstanden werden soll, z. B. bei fachübergreifenden Arbeiten zwischen verschiedenen Fachbereichen einer Hochschule, die mit den Begriffen verschiedener Fachdisziplinen operieren müssen. Diese Vermittlungsfunktion übernimmt auch das Glossar dieses Leitfadens. Normalerweise ist ein Glossar bei studentischen Arbeiten jedoch nicht nötig.

3.5.4 Quellennachweis

Im Quellennachweis, auch Quellenverzeichnis, Literaturverzeichnis, Bibliographie oder Schrifttum genannt, müssen alle Informationsträger genau aufgeführt werden, deren Inhalte in die jeweilige Arbeit eingeflossen sind. Dazu gehören verwendete Buchwerke, Zeitschriftenartikel, Proceedings (Tagungsbände), Geräte- und Produktinformationen, Bedienungsanleitungen, aber auch Ton-, Dia-, Bild-, Filmmaterial und evtl. auch zur Bearbeitung der Aufgabe verwendete Spezialsoftware sowie Informationen von Datenträgern, aus Computernetzen oder von mündlichen Mitteilungen. Wegen der Vielfalt der Informationsträger sollte man primär den Begriff „Quellen" (-nachweis oder -verzeichnis) verwenden. Falls normative Festlegungen von Bedeutung sind, kann in Ergänzung zum Quellenverzeichnis ein gesondertes Normenverzeichnis erstellt werden (vgl. Kap. 9.3). Standardsoftware, wie z. B. die verwendete Textverarbeitung, und Projektbesprechungen werden nicht verzeichnet.

Ein Quellenverzeichnis gehört zu jeder wissenschaftlichen Arbeit und trägt viel zum Wert bei, wenn es umfassend ist. Bei naturwissenschaftlichen oder technischen Arbeiten ist es üblich, die Quellenverweise im Text mit Kennziffern auszuführen und diese Kennziffern dann im Anhang zu erläutern. Der Ordnungsparameter der Liste der verwendeten Quellen ist entweder das Alphabet (siehe Kapitel 4.5) oder die Reihenfolge der Erstnennung der jeweiligen Quelle im Text. Aufwendige Nachweissysteme, wie z. B. [EMS94], oder eine kapitelweise Untergliederung des Quellenverzeichnisses sind für studentische Arbeiten nicht notwendig.

Für die Beurteilung einer Arbeit gibt der Quellennachweis unmittelbar Auskunft über die Einbeziehung des allgemeinen Wissensstandes in die Tätigkeiten und die Qualität der durchgeführten Recherche. Nachfolgenden Studierenden kommt es entgegen, wenn auch die Signatur der genutzten Bibliothek verzeichnet ist. Für die richtige Ausführung der Quellenangaben siehe Kap. 4.4.

3.5.5 Sachwortregister

Ein umfassendes Sachwortregister (Index) ist wegen des Aufwandes für die Erstellung bei studentischen Arbeiten bisher unüblich. Hier leisten jedoch moderne Textverarbeitungssysteme mit speziellen Funktionen große Hilfe, was es erst rechtfertigt, eine Dokumentation mit einem Sachwortregister komfortabel auszustatten. Die Qualität eines Sachwortregisters hängt von den verfügbaren Stichwörtern ab, die in der richtigen Anzahl sorgfältig ausgewählt werden müssen. Dazu muss man sich in die Position zukünftiger Leser versetzen und sich fragen, welche Begriffe interessieren könnten. Am besten prüft man die Stichwörter, die in Einzahlform angegeben werden, nach einigen Tagen nochmals auf ihre sinnvolle Auswahl. Die Anzahl der Stichwörter im Sachwortregister orientiert sich etwa an der ein- bis dreifachen Nennung an Seitenzahlen. Existieren zu einem Stichwort mehrere oder zahlreiche Seitenangaben, so sollte man die wichtigsten fett hervorheben.

3.5.6 Daten auf Disketten

Wegen des verhältnismäßig großen Aufwandes für die Erstellung einer Dokumentation ist es wünschenswert, dass die Inhalte auch nach Abschluss der Arbeit noch Verwendung finden. Gerade dann ist die Verfügbarkeit der Texte und Grafikelemente der Dokumentation sowie der Untersuchungsergebnisse auf Datenträgern von großer Bedeutung (vgl. Kap. 8.1).

4 Formale Gestaltung einer Dokumentation

Da man heute davon ausgehen kann, dass Dokumentationen zu studentischen Arbeiten mit einem Computer erstellt werden (meist PC, vgl. Kap. 8), sei es zu Hause oder an einem Rechnerarbeitsplatz der Hochschule, kommt der formalen Ausgestaltung gegenüber der früher verwendeten Schreibmaschine bzw. dem Zeichenbrett erheblich größere Bedeutung zu. Umfangreiche Informationen und Richtlinien zur allgemeinen Typographie finden sich z. B. in [13].

Das Lay-out einer Arbeit muss dazu dienen, die Aussagekraft der Dokumentation nach dem Motto „fff" zu steigern: „Form follows function". Aus diesem Grund sind vor allem Gestaltungselemente interessant, die die Übersichtlichkeit für den Leser verbessern. Die Gestaltung kann jedoch nicht die Inhalte ersetzen. Alle Formatierungen in diesem Leitfaden sind auch als Anregung gedacht, indem sie auf die Möglichkeiten bei studentischen Arbeiten begrenzt wurden.

Um eine gute formale Gestaltung einer Dokumentation zu motivieren, sollte man bedenken, dass zum einen für den großen persönlichen Arbeitseinsatz zur Erlangung der Ergebnisse auch eine gelungene Darstellung angemessen ist und zum anderen die Dokumentation das Einzige ist, was auch noch nach langer Zeit über das Projekt Auskunft gibt.

4.1 Seiten-Lay-out

Entsprechend den Inhalten einer wissenschaftlichen Arbeit soll das Seiten-Lay-out ein korrektes, neutrales, übersichtliches und strukturiertes Aussehen aufweisen und innerhalb der Dokumentation einheitlich ausgeführt sein. **Abb. 10** gibt ein Beispiel für das Lay-out einer Seite im Haupttext einer Dokumentation. Unter Umständen weichen allerdings die verbindlichen Vorgaben der Hochschule von den nachfolgend gemachten Empfehlungen ab.

Die verwendete Blattgröße ist DIN A4. Für die Seitenränder haben sich folgende Werte als günstig erwiesen: links 35 mm; rechts 15 mm; oben 25 mm; unten 15 mm. Dieser Satzspiegel mit einer Zeilenlänge von 160 mm ist allerdings als obere Grenze für die Seitenfüllung anzusehen. Der Zeilenabstand beträgt das 1,2–1,4fache der Schriftgröße. Dann entspricht der Zeilendurchschuss etwa dem Wortabstand (vgl. Abb. 12, S. 51).

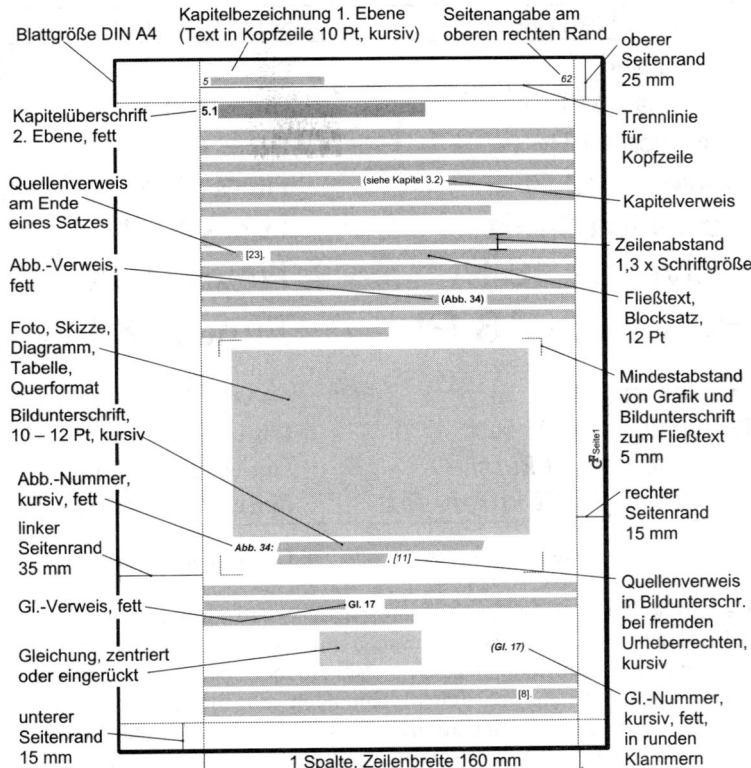

Abb. 10: *Seiten-Lay-out einer Textseite in einem Hauptkapitel*

Da studentische Arbeiten nicht verlegt werden, sind sie einseitig gedruckt. Dies erleichtert die Formatierung und die Anfertigung von Kopien. Als Orientierung für die Gesamtseitenzahl dienen bei Studien-, Examens- und Diplomarbeiten etwa 60–120 Seiten, der Umfang von Seminararbeiten liegt bei der Hälfte, wobei die meisten Institute verständlicherweise keine verbindlichen Grenzen angeben.

Die üblichen Schriftgrößen für den einspaltigen Haupttext liegen zwischen 10 Pt und 12 Pt. „Punkt" bezeichnet die typographische Maßeinheit zur Längenmessung, von der es eine Reihe verschiedener Modifikationen gibt (Pica-point, DTP-point, DTP-pica usw.). Verbreitet ist der „Didot-Punkt-Neu" mit 1 Pt = 0,375 mm. Es sollten keine verzierten Schriftarten verwendet werden; daher kommen i. Allg. nur die bewährten Schriftsätze der Helvetica- oder Times-Schriftfamilien infrage. Die ausgewählte Schriftart wird im ganzen Dokument verwendet.

Schriftart Helvetica	Schriftart Times
Helvetica 8 Pt	Times 8 Pt
Helvetica 10 Pt (1 Pt ≙ 0,375 mm)	Times 10 Pt
Helvetica 11 Pt	Times 11 Pt
Helvetica 12 Pt	Times 12 Pt
Helvetica 14 Pt	Times 14 Pt
Helvetica 16 Pt	Times 16 Pt
Helvetica 18 Pt	Times 18 Pt
Helvetica 11 Pt 6,2 mm	Times 11 Pt 5,2 mm
Helvetica 11 Pt fett	**Times 11 Pt fett**
Helvetica 11 Pt kursiv	*Times 11 Pt kursiv*
Helvetica 11 Pt kursiv fett	***Times 11 Pt kursiv fett***

Abb. 11: *Relevante Schriftarten, -größen und -auszeichnungen*

Variiert wird die Schriftgröße, die Schriftstärke (normal, fett) und die Schriftlage (normal, kursiv), zusammen mit der Zeichenweite als Schriftauszeichnung, Schriftstil oder Schriftschnitt bezeichnet. **Abb. 11** zeigt die gebräuchlichsten Schriftauszeichnungen für die beiden üblichen Schriftfamilien in Dokumentationen. Obwohl im professionellen Schriftsatz zwischen leicht, mager, normal, halbfett, fett und extrafett für die Schriftstärke und zwischen schmal, normal, breit und extrabreit für die Zeichenweite unterschieden wird, verwenden die Hinweise dieses Leitfadens nur den Begriff „fett", da dies den Möglichkeiten der meisten Textverarbeitungen entspricht. Auf unterschiedliche Zeichenweiten und Laufweiten wird gänzlich verzichtet.

Die heute nicht mehr gebräuchlichen Unterstreichungen oder gesperrt gedruckten Zeichen stammen noch aus dem Zeitalter der Schreibmaschine, die sonst keine Variation des Schriftstils zuließ. Mit der Hervorhebung von Begriffen im Text sollte man generell zurückhaltend umgehen oder darauf ganz verzichten. Eine Großbuchstabenschrift, Konturschriften oder schattierte Schriften sind nicht geeignet.

Abb. 12 enthält die wichtigsten Grundbegriffe zum Schriftsatz. Die Zeichenweiten und Zeichenabstände sind heute bei den üblichen Proportionalschriften in einem Zeichensatz unterschiedlich. Bei einzelnen Buchstabenkombinationen werden z.T. Unterschneidungen eingesetzt, um ein gleichmäßiges Schriftbild zu erzeugen (engl. kerning, z. B. Va, Av, V.).

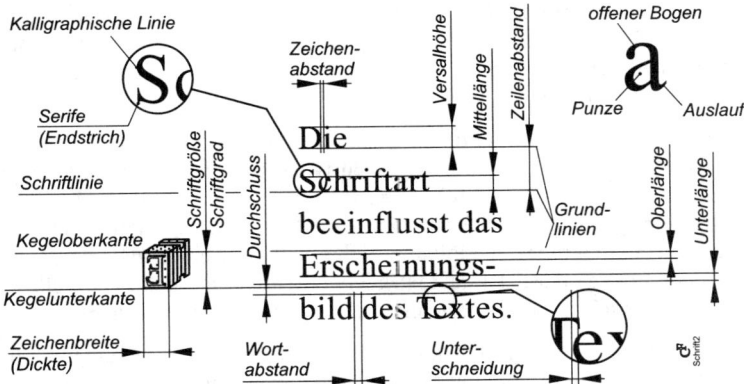

Abb. 12: *Grundbegriffe zum Schriftsatz*

Das Glossar (Kap. 9.1) enthält weitere Fachbegriffe zum Schriftsatz. Die wichtigsten Begriffe sind jedoch Schriftgröße, Zeilenabstand und Durchschuss (engl. size of letters, line spacing, leading). Während die Linienbreite der Helvetica-Schrift konstant ist, weist die Times-Schrift eine kalligraphische Linie mit Serifen auf. Bei gleicher Schriftgröße ist diese enger gesetzt, sodass der Text bei guter Lesbarkeit weniger Platz auf der Seite benötigt (vgl. auch Abb. 11).

Der professionell erscheinende Blocksatz muss unbedingt mit einer Worttrennung am Zeilenende versehen werden, da sonst teilweise zu große Wortzwischenräume entstehen. Die Trennung der Wörter kann erst nach der kompletten Erstellung eines Textabsatzes geschehen, da sich sonst Trennstellen noch verschieben. In aufeinander folgenden Zeilen sollten nicht mehr als drei bis vier Trennstriche nacheinander auftreten. Nach den Regeln der Typographie sind auch Trennungen über Seitenumbrüche hinweg möglichst zu vermeiden. Textverarbeitungen halten spezielle Trennstriche bereit, die beim Verschieben des Zeilenumbruchs selbsttätig verschwinden (Kap. 8.2.1); keinesfalls sollte man zur Silbentrennung Minuszeichen einfügen. Außerdem sind beim Blocksatz definierte schmale Leerzeichen für die Trennung von Ziffer und Einheit, um Gedankenstriche herum oder bei Abkürzungen zu wählen (z. B. Länge 23,7 cm oder Stahl X 5 Cr Ni 18 8).

Einzelne Aspekte und Themenkreise in einem Kapitel werden durch Absätze strukturiert. Vor jedem Absatz ist eine Leerzeile sinnvoll. Die Absätze sollten etwa 3–15 Zeilen umfassen. Auch Aufzählungen werden durch eine vorausgehende und nachfolgende Leerzeile vom Fließtext abgehoben. Sie sollten gegenüber dem Haupttext um ca. 10 mm eingerückt sein.

Kapitel der ersten oder evtl. auch der zweiten Gliederungsebene beginnen der Übersichtlichkeit wegen auf einer neuen Seite. Bei Kapiteln tieferer Gliederungsebenen wird – wegen meist geringerer Kapitellängen – auf einen generellen Neubeginn einer Seite verzichtet.

Nach einer Überschrift wird eine Leerzeile, davor werden zwei oder drei Leerzeilen angefügt, wenn die Überschrift nicht in der ersten Zeile einer neuen Seite steht. Überschriften werden linksbündig gesetzt und sollten bis zu einer maximalen Schriftgröße von 18 Pt in jeder Kapitelebene jeweils zwei typographische Punkte größer gewählt werden als die vorausgehende Ebene oder der Fließtext. Sie werden fett gedruckt. Die Schriftart der Überschriften soll derjenigen des Haupttexts entsprechen.

Gestaltungselement der Seite kann eine Kopfzeile auf jeder Seite mit Angabe der aktuellen Kapitelnummer, Kapitelbezeichnung und Seitenangabe sein. Die Seitenzahl muss immer am nicht gebundenen Seitenrand stehen, damit sie beim Blättern lesbar ist. Die Angabe der Kapitelnummer in der Kopfzeile erleichtert das Suchen von Kapiteln.

Die Kopfzeile beginnt bei etwa 13 mm vom oberen Blattrand und wird durch einen Trennstrich unterhalb der ganzen Zeilenlänge vom Fließtext abgehoben. Die Schriftgröße der Kopfzeile ist vorzugsweise 10 Pt, der Schriftstil evtl. kursiv. Bei Neubeginn eines Kapitels kann auf der betreffenden Seite die entsprechende Kapitelangabe in der Kopfzeile entfallen. Wird ergänzend eine Fußzeile verwendet, sollten nicht zusätzlich auch noch Fußnoten benutzt werden.

Grafikelemente werden beim entsprechenden Textverweis möglichst anschließend positioniert. Grafik und Verweis mit Erläuterungen sollten, wenn möglich, auf einer Seite angeordnet sein. Die Bildunterschriften von Grafikelementen beginnen mit dem linken Rand der Elemente und haben eine der jeweiligen Breite entsprechende Zeilenbreite. Die Bildunterschrift sollte mit „Abb." oder „Bild" beginnen, gefolgt von der Abbildungsnummer und einem Doppelpunkt, anschließendem Leerzeichen und dann dem Text der Bildunterschrift. Die Abbildungsbezeichnung und der entsprechende Verweis sollten für ein schnelles Auffinden fett ausgeführt werden. Die gewählte Schriftart entspricht derjenigen des Fließtextes und ist oft kursiv gestaltet.

Die Bildunterschriften müssen vom Fließtext klar getrennt erkennbar sein; deshalb beträgt der Abstand zum Fließtext nach allen Seiten ca. 10 mm. Bei mehrzeiligen Bildunterschriften haben die zweite und alle weiteren Zeilen einen Einzug bis zum Textbeginn der ersten Zeile nach dem Doppelpunkt.

Bei Verweisen kürzt man das Ziel ab, z. B. „s. Kap. 2.3" oder „(Kap. 2.3)". Allerdings müssen die Verweise im ganzen Dokument die gleiche Form der Abkürzung haben. Bei Verweisen auf Tabellen oder Abbildungen in anderen Kapiteln sollte man zusätzlich die entsprechende Seitenzahl mit angeben, z. B. „(vgl. Abb. 73, S. 89)".

Tab. 11 enthält für alle Textelemente einer Dokumentation entsprechende Vorschläge zur Ausführung von Schriftgröße, -gestaltung, -ausrichtung und Position. Alle Angaben beziehen sich auf die gleiche Schriftart.

Um unerwünschten Schwierigkeiten bei der späteren Druckausgabe der Dokumentation vorzubeugen, empfiehlt es sich, schon frühzeitig alle Formatierungen unmittelbar auf den Drucker, auf dem der endgültige Ausdruck ausgegeben werden soll, abzustimmen. Nach Festlegung des Seiten-Lay-outs sollte man einen Testausdruck einer repräsentativen Seite anfertigen, um zu wissen, ob man das Dokument in der gewünschten Weise auch ausdrucken kann (vgl. auch Kap. 2 und Kap. 8).

Textelement	Schriftgröße in Pt	Schriftstil	Ausrichtung	Erläuterung
Haupttext	10–12	normal	Block	*„Werkschrift", „Brotschrift", Zeilenabstand 1,2–1,4 × Schriftgröße, Worttrennung durchführen*
Kopfzeile	10	evtl. kursiv	links	*Seitenzahl rechts (außen)*
Fußzeile	10	normal	links	
Fußnotentext	8–10	normal	links	*„Konsultationsschrift", Trennlinie zum Haupttext mit 1/3 Zeilenlänge*
Fußnotenziffer	8–9	normal	—	*hochgestellt 3 Pt*
Tab.- und Abb.-Verweise im Text	wie Haupttext	fett bei Erstnennung	—	*bei Verweis auf Tab./Abb. in anderen Kapiteln zusätzlich Angabe der Seitenzahl*
Tabellen-/Bildunterschrift	10–12 ≤ Haupttext	kursiv, Abb.-Nr. fett	links, bezogen auf Abbildung	*bei mehrzeiligen Bildunterschriften Einzug bis hinter Abb.-Nr.*
Quellenverweise	wie Haupttext	normal	—	
Überschrift 1. Ebene	16–18	fett	links	
Überschrift 2. Ebene	14–16	fett	links	
Überschrift 3. Ebene	12–14	fett	links	*alle weiteren Ebenen wie 3. Ebene*
Text in Grafikelementen (z.B. auch Tabellentext)	8–12	normal	links oder zentriert	*Abstand zum Fließtext nach allen Seiten 5–10 mm, kein Rahmen um Grafikelement*
Titelseite – Thema	16–18	fett	links	
Titelseite – sonst	14–16	evtl. fett	links	

Tab. 11: *Format verschiedener Textelemente (Fortsetzung nächste Seite)*

Textelement	Schriftgröße in Pt	Schriftstil	Ausrichtung	Erläuterung
eidesstattliche Erklärung	wie Haupttext	normal	links	*auf eigener Seite unten platzieren*
Vorwort, Überschrift	12	fett	links	
Vorwort, Haupttext	wie Haupttext	normal	Block	
Inhaltsverzeichnis 1. Ebene	10–12	fett	links, Seitenzahlen rechts	*Punktreihe vor Seitenzahl*
Inhaltsverzeichnis 2. Ebene	wie 1. Ebene	normal	links, Einzug 5 mm, Seitenzahlen rechts	*Punktreihe vor Seitenzahl*
Inhaltsverzeichnis 3. Ebene	wie 1. Ebene	normal	links, Einzug 10 mm, Seitenzahlen rechts	*Punktreihe vor Seitenzahl, alle weiteren Ebenen wie 3. Ebene*
Tab.-/Abb.- Verzeichnis	wie Haupttext	normal	links	*siehe auch Verzeichnis dieses Leitfadens*
Titelseite des Anhangs	wie entsprechende Überschriften		links	*eigene Seite vor Kapiteln des Anhangs*
Datenverzeichnisse im Anhang	wie Haupttext	normal	links	
Literatur- verzeichnis	wie Haupttext	normal, z.T. kursiv	links, Einzüge	*entsprechend Kap. 4.4*
Glossar	wie Haupttext	normal	links, Einzüge	*siehe auch Glossar dieses Leitfadens*
Abkürzungs- und Formelverzeichnis	wie Haupttext	normal	links	
Sachwortregister, Stichwörter	10	normal	links	*zweispaltig, siehe auch Sachwortregister dieses Leitfadens*

Tab. 11 (Fortsetzung): *Format verschiedener Textelemente*

Einige Seiten am Anfang und Ende einer Dokumentation haben ein Layout, das vom Haupttext in wenigen Teilen abweicht. Dazu gehören Titelseite, eidesstattliche Erklärung, Vorwort, Inhaltsverzeichnis und die Kapitel im Anhang.

Vorschläge für die Zeichenformatierung sind ebenfalls in Tab. 11 zu finden, das Lay-out skizziert **Abb. 13**.

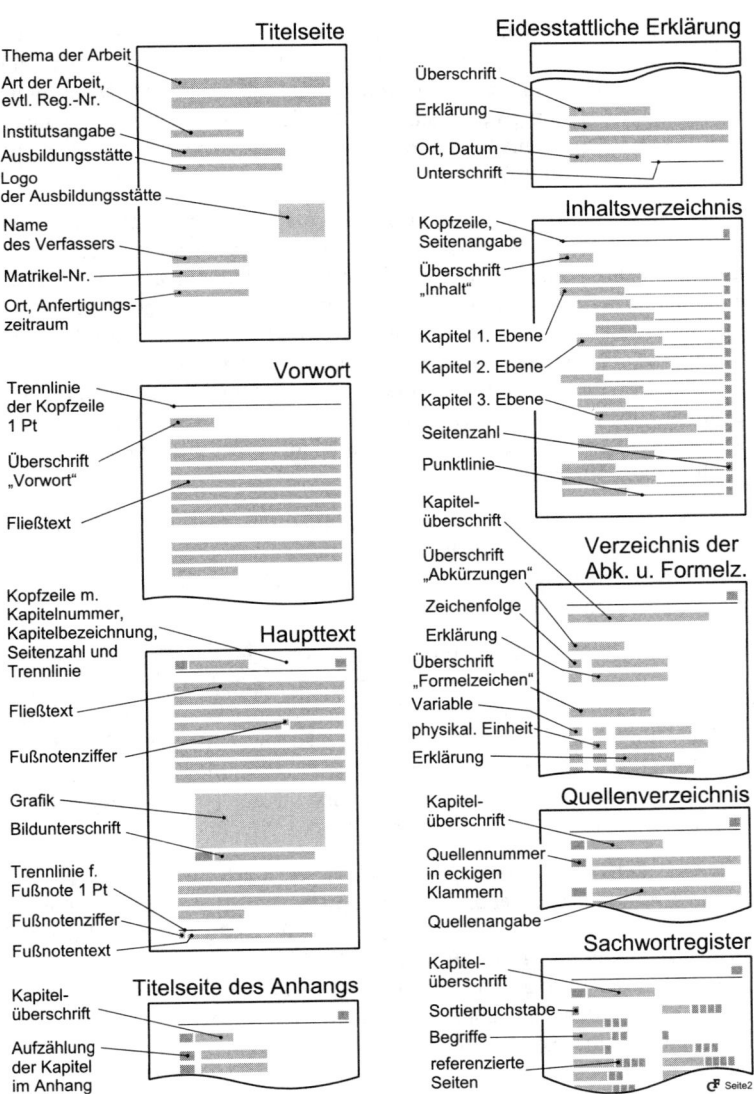

Abb. 13: *Übersicht zum Seiten-Lay-out*

4.2 Grafikelemente

In der Praxis muss man davon ausgehen, dass ein Leser die Arbeit gewöhnlich anhand der (aussagekräftigen) Abbildungen durchsieht und prüft, ob für seine Interessen Informationen enthalten sind. Dies unterstreicht die Bedeutung gut gestalteter Abbildungen. Auch sind aussagekräftige Grafikelemente die Grundlage für die Gestaltung von Präsentationsfolien (vgl. Kap. 6.2).

Heute werden Grafikelemente in Dokumentationen zu studentischen Arbeiten aus Gründen der Praktikabilität meist schwarzweiß ausgeführt, da dann einfachere und preiswertere Kopiermöglichkeiten zur Vervielfältigung der Arbeit bestehen. Im Prinzip kann man eine Farbinformation immer durch unterschiedliche Linienstärken und -arten oder verschiedene Grauwerte, Rastertypen und Schraffuren erfassen. Werden allerdings verschiedene Farben eingesetzt, muss jede Farbe auch eine definierte Bedeutung haben, z. B. in Diagrammen eine durchgängige Zuordnung von Kurven eines Parameters zu einer Farbe oder bei Präsentationen alle Schlüsselbegriffe rot.

Die Beschriftung von Grafikelementen muss der Sprache des Textes in der Dokumentation entsprechen, d. h., in einer deutsch verfassten Dokumentation dürfen keine Abbildungen mit englischen Erläuterungen oder Achsenbezeichnungen enthalten sein.

Im Idealfall sollte die Schriftgröße von Textangaben in Grafikelementen bei einer Abbildungsbreite von 150 mm ca. 4 mm (10–12 Pt) betragen, damit die Beschriftung der Abbildung auch beim Skalieren ab einer Abbildungsbreite von ca. 80 mm lesbar ist (z. B. für verkleinerte Kopien aus der Dokumentation oder zum Einsatz als Präsentationsfolie für den Abschlussvortrag). Die kleinste Schriftgröße in einer Grafik entscheidet über die Lesbarkeit (z. B. Indizes).

Alle Grafikelemente im Haupttext sollten im Querformat mit einer Breite, die maximal der Zeilenbreite im Haupttext entspricht, angefertigt werden (vgl. auch Kap. 4.1). Die Höhe einer Grafik sollte die Höhe des Satzspiegels abzüglich Höhe der Bildunterschrift (ca. 230 mm) nicht übersteigen. Auf dieses Format muss schon bei der Erstellung der Grafikelemente geachtet werden. Eine zum Formatieren aufwendigere Alternative sind Grafiken mit einer Breite von 90 mm bis 100 mm, die am rechten Seitenrand angeordnet und links vom Text umflossen werden. Das erfordert im Fließtext eine kleine Schriftgröße von 10 Pt, damit der Text in den Zeilen nicht zu stark zerstückelt wird.

Pfeile in Grafikelementen als Zeiger oder Maßlinienbegrenzung dürfen keine stumpfen Spitzen aufweisen, sondern sollen in Anlehnung an

DIN 406 einen Öffnungswinkel von nur etwa 15° besitzen. Beschriftungen in Grafikelementen müssen von unten oder rechts lesbar sein.

4.2.1 Tabellen

Zur Erstellung von Tabellen (vgl. auch DIN 55 301) sollten unbedingt die Tabellenfunktionen der verwendeten Textverarbeitung genutzt werden, da diese den konventionellen Tabulatoren hinsichtlich der Formatierung bei weitem überlegen sind.

Eine Tabelle erscheint oft übersichtlicher und ruhiger, wenn nur Titelzeile und ggf. Titelspalte vom Datenmaterial durch eine Linie getrennt sind und die Daten untereinander lediglich durch Zwischenräume strukturiert sind. Das erfordert jedoch ausreichende Platzverhältnisse zwischen den Daten. Eine Alternative, besonders bei Seiten füllenden Tabellen, ist ein Rahmen, der die Tabelle vom Fließtext optisch abhebt, oder bei engen Platzverhältnissen auch senkrechte Linien zwischen den Spalten. In je-

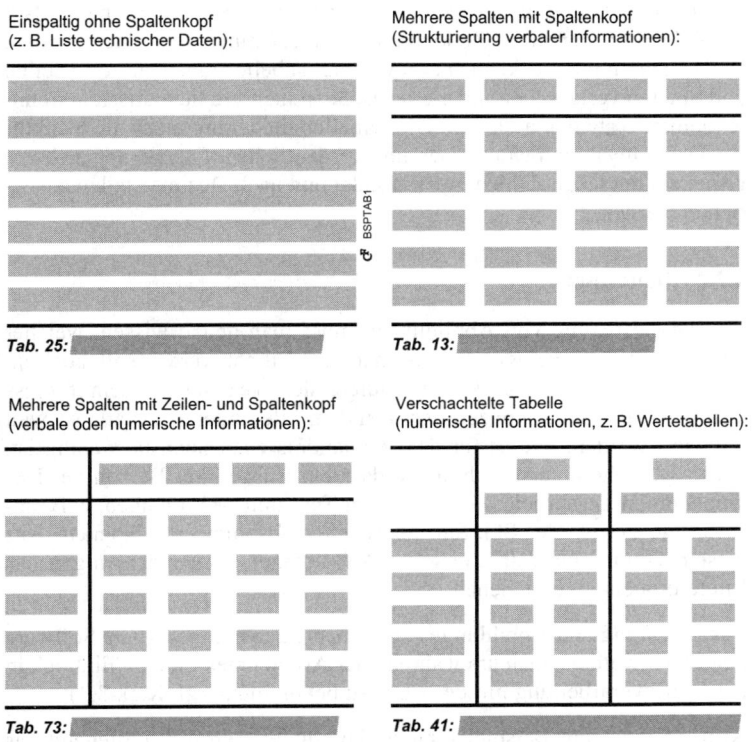

Abb. 14: *Möglichkeiten der Tabellengestaltung*

dem Fall sollten die Trennlinien (Linienstärke 0,5–1 Pt) nicht über dem Text der Tabelle dominieren und außerdem das Tabellen-Lay-out innerhalb der Dokumentation gleich sein (**Abb. 14**).

Existiert bei einer Aufzählung keine erkennbare Priorität der Absätze, so kann man statt einer Nummerierung zwischen den konventionellen Spiegelstrichen (–), Großpunkten (•) oder auch anderen einfachen Markierungen (⇨, ■, □) wählen. Aufzählungszeichen sind insbesondere dann sinnvoll, wenn es nur zwei oder drei Absätze gibt. Die Art der Zeichen muss in der Dokumentation durchgängig beibehalten werden; darüber hinaus muss jedes Zeichen mit einer eindeutigen Funktion versehen sein.

In Zuordnungstabellen, wie z. B. Wertetabellen mit Funktionswerten, sollte man eine Titelzeile und eine Titelspalte definieren (bei physikalischen Größen Einheit nicht vergessen). Auflistungen gleichartiger Daten in Tabellenform benötigen je nach Inhalt nicht unbedingt einen Tabellenkopf (z. B. Liste technischer Daten eines Geräts).

Bei den üblichen Schriftgrößen und Wortlängen sollten nicht mehr als 5 bis 8 Spalten auf einer Zeilenbreite von 160 mm angeordnet werden. Reicht dies nicht, so kann man evtl. die Tabelle transponieren (Zeilen und Spalten vertauschen) oder eine große in mehrere thematisch getrennte kleinere Tabellen aufteilen. Die Tabellengliederung muss die Struktur der Daten übersichtlich erfassen und verdeutlichen. Für ein angenehmes Lesen sollten lange Zahlen ggf. gerundet und nach Dezimalstellen ausgerichtet werden.

4.2.2 Abbildungen

Für die Gestaltung von Abbildungen muss man genau wissen, welcher Sachverhalt im jeweiligen Bild primär verdeutlicht werden soll, auch im Zusammenhang mit der korrespondierenden Textstelle. Hierauf muss sich die Darstellung konzentrieren, indem alle anderen Details so weit reduziert werden, wie es für das Verständnis eben noch notwendig ist. Diese Tatsache unterstreicht auch, dass ein frühzeitiger Beginn der Dokumentation zur Arbeit wichtig ist, um Text und Abbildungen, z. B. angefertigte Fotos oder Skizzen, gegenseitig abstimmen zu können. Aus diesem Grund sind selbst erstellte Abbildungen immer denjenigen aus Literaturquellen vorzuziehen.

Zur Erstellung von Abbildungen sollte heute generell geeignete Software eingesetzt werden, auch um während der Arbeit einen kleinen Einblick in die Grafikverarbeitung mit der EDV zu bekommen (vgl. Kap. 8.3).

Abb. 15 zeigt ein Beispiel für eine kombinierte Grafik, bestehend aus sog. Cliparts (s. Kap. 8.3.2), selbst erstellten Strichzeichnungen und For-

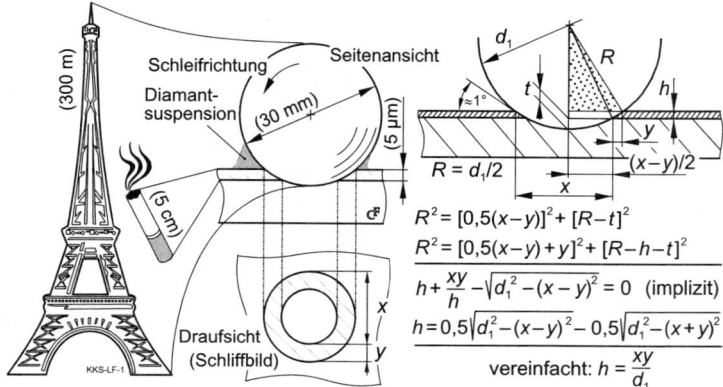

Abb. 15: *Beispiel für eine ungeeignet überladene Gestaltung einer kombinierten Grafik (hier: Metallographische Schichtdickenermittlung mit Kalottenschleifverfahren)*

meln. Die Stärke von Linien muss mindestens 0,5 Pt betragen. Man sollte auch immer überlegen, ob die Grafik nicht schon zu überladen ist. Dann empfiehlt es sich, die Grafikinhalte auf zwei Abbildungen zu verteilen, wie es in der Abb. 15 ratsam erscheint.

Für die Gestaltung von Flussdiagrammen (Ablaufstrukturpläne) existieren in DIN 66 001 allgemein verwendete, auf der Informationstechnik beruhende Symbole, von denen in **Abb. 16** die wichtigsten zusammengefasst sind. Daneben gibt es für bestimmte Anwendungen eigene genormte Sinnbilder und Zeichen. **Tab. 12** enthält eine Zusammenstellung für einige Fachdisziplinen. Auch für CAD- und Grafikprogramme sind umfangreiche Symbolbibliotheken in allgemein üblichen Dateiformaten verfügbar.

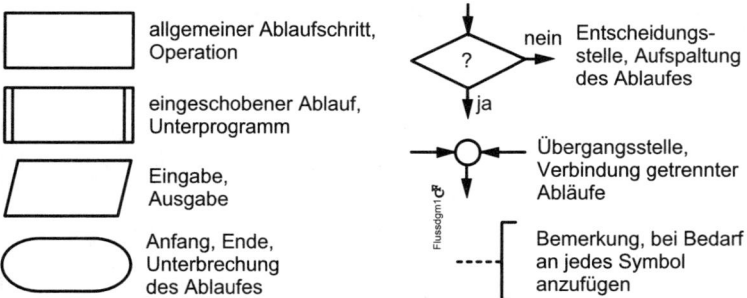

Abb. 16: *Symbole für Flussdiagramme nach DIN 66 001*

Norm	Thematik
DIN 1356	Materialkennzeichnungen
DIN 1912	Schweiß- und Lötsymbole
DIN 2429	Symbole für Rohrleitungsanlagen
DIN 2481	Symbole für Wärmekraftanlagen
DIN 4844	Sicherheitskennzeichen
DIN 6654	Sinnbilder für Rohrpost
DIN 8125	Allgemein verständliche Symbole
DIN 12 000	Sicherheitszeichen im Labor
DIN 18 022	Sinnbilder für Ausstattungsgegenstände (Haustechnik)
DIN 19 227/DIN 19 228	Symbole zum Messen, Steuern, Regeln
DIN 24 347	Schaltpläne Fluidtechnik, Hydraulik
DIN 25 430	Sicherheitskennzeichnung im Strahlenschutz
DIN 28 004	Symbole in der Verfahrenstechnik
DIN 28 015	Schaltpläne Elektrotechnik
DIN 28 401	Symbole in der Vakuumtechnik
DIN 30 600	Schaltpläne Ölhydraulik, Pneumatik
DIN 32 649	Grafische Symbole für Arbeitsgänge im Laboratorium
DIN 32 830	Gestaltungsregeln für grafische Symbole
DIN 40 101	Grafische Symbole für Betriebsmittel (Geräte)
DIN 40 700–DIN 40 719	Symbole Elektrotechnik, Elektroinstallation, Elektronik
DIN 43 609	Symbole für Druckluftschaltpläne
DIN 66 001	Informationsverarbeitung: Sinnbilder und ihre Anwendung
DIN EN 20 780	Bildzeichen Verpackung
DIN ISO 1219	Schaltzeichen Fluidtechnische Systeme und Geräte
DIN ISO 2203	Darstellung von Zahnrädern
DIN ISO 2162	Darstellung von Federn
ISO 710	Graphical symbols in maps
ISO 3461	General principles for graphical symbols
ISO 3753	Graphical symbols for vacuum technology
ISO 5232	Graphical symbols for textile machinery
ISO 7296	Cranes – graphical symbols

Tab. 12: *Genormte Sinnbilder in verschiedenen Fachrichtungen*

Um wichtige Strukturen und Wechselwirkungen in Struktogrammen oder Flussdiagrammen klar herauszuarbeiten, darf man sie nicht mit zu vielen Details überladen. Hier muss man kleine Einzelschritte zu funktionalen Gruppen zusammenfassen.

4.2.3 Diagramme

Eine Diagrammdarstellung erhält die gewünschte Aussagekraft erst durch die Wahl des passenden Diagrammtyps mit einer entsprechenden grafischen Gestaltung des Lay-outs. Daher ist man für die Realisierung auf geeignete Software angewiesen (Kap. 8.3.1). Der Aufwand für die Erstellung von wirkungsvollen Diagrammen wird oft unterschätzt. Hier sollte man besser wenige gut ausgeführte als viele halb fertige Diagramme in seiner Arbeit anstreben.

Um bei der Vielzahl von Diagrammtypen mit ihren verschiedenen Lay-out-Möglichkeiten anwendbare Hinweise für eine Diagrammauswahl zu formulieren, sind in **Abb. 17** für einen festen Datensatz (Funktion und Wertetabelle in Bildteil a) die wichtigsten Typen von Diagrammdarstellungen zusammengefasst. In Diagrammen werden Größen immer auf Achsen eingetragen. Diese können kontinuierliche Zahlenintervalle abbilden (numerische Achsen) oder nur einzelne Rubriken mit fester Bedeutung enthalten (diskrete Parameter bzw. alphanumerische Achsen).

Die Achsen für Funktionswerte (Ordinaten) sind praktisch immer numerisch. Koordinatendiagramme aus einem kartesischen Koordinatensystem haben immer zwei numerische Achsen. Balkendiagramme haben dagegen immer eine alphanumerische Abszisse und sind deshalb für diskrete Parameter geeignet.

In Bildteil b) sind typische Diagramme mit jeweils einer Datenreihe dargestellt. Ausgehend vom Leiterdiagramm sind verschiedene Koordinatendiagramme und ein Balkendiagramm enthalten. Das Stabdiagramm (2. v. l., Datenreihe B) wird dann eingesetzt, wenn bei kontinuierlichem Zahlenintervall der Abszisse (x-Achse) nur diskrete Werte auftreten (z. B. bei digitalen Regelungen). Die anderen Koordinatendiagramme (Datenreihe B) weisen darauf hin, dass die Datenpunktmarkierung, eine Approximation oder die Achsenskalierung einen wesentlichen Einfluss auf das Aussehen haben. Im Balkendiagramm (rechts, Datenreihe E und Fehler DE) sind die Funktionswerte und die Abweichung über den diskreten Parametern a bis e aufgetragen. Wenn die Rubrikenbezeichnungen (hier a bis e) zu lang werden, kann man von den senkrechten Balken zu einer waagerechten Anordnung übergehen (vgl. Abb. 7, S. 41). Diagramme mit senkrechten Balken entsprechen jedoch der Regel. Eine besondere Form des Balkendiagramms ist das Ablaufdiagramm (auch Gantt-Diagramm genannt, vgl. Abb. 3, S. 24).

a) Beispielfunktion und Datensatz

$$f(x,y) = x \cdot y \cdot \sin\frac{xy}{10}$$

Buchstaben: diskrete Parameter
(alphanumerische Achsen)

Zahlen: kontinuierliche Intervalle
(numerische Achsen)

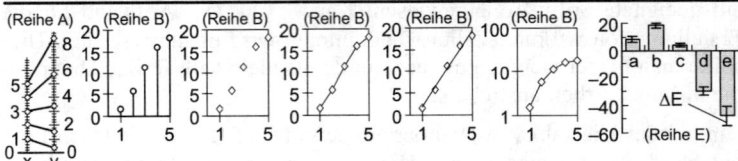

		diskrete Parameter (Datenreihen)							ΔE
		A	B	C	D	E			
Stützstellen für Variable x	1	0,40	1,56	3,39	5,74	8,41	a	diskrete Parameter	2
	2	1,56	5,74	11,18	15,99	18,19	b		2
	3	3,39	11,18	17,53	16,21	4,23	c		1
	4	5,74	15,99	16,21	−1,87	−30,27	d		3
	5	8,41	18,19	4,23	−30,27	−47,95	e		7
		2	4	6	8	10			Fehler
				Stützstellen für Variable y					

b) Funktionen eines diskreten Parameters oder einer Variablen

c) Funktionen zweier diskreter Parameter oder kontinuierlicher Variablen

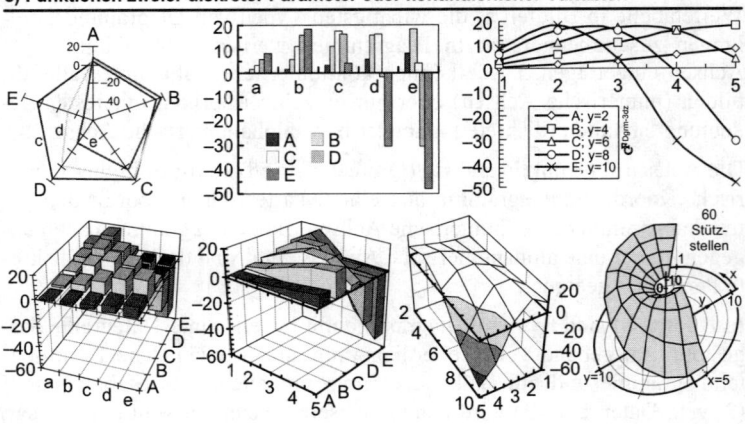

Abb. 17: *Wichtige Diagrammtypen*

Der Bildteil c) enthält die Darstellung von Funktionen zweier diskreter
Parameter (Kleinbuchstaben und Großbuchstaben) oder zweier Variablen
(x und y). In der oberen Reihe des Bildteils c) sind zweidimensionale
Darstellungen, in der unteren Reihe sind dreidimensionale Darstellungen
desselben Datenmaterials zu sehen. Netzdiagramme (Bildteil c, 1. v. l.,
obere Diagrammreihe) sind selten und dienen vor allem dem Visualisie-
ren von Kongruenz verschiedener Datenreihen (hier c, d, e). Anschaulich
und zugleich gut abzulesen sind die zweidimensionalen Balken- und Koordinatendiagramme mit mehreren Datenreihen (2. und 3. v. l., Zuord-

nung der Kurven zu Datenreihen mit Legende oder Bezugslinien, hier jeweils Datenreihen A bis E).

In der unteren Reihe des Bildteils c) sind dreidimensionale Diagramme für unterschiedliche Kombinationen von alphanumerischen und numerischen Achsen in der x-y-Ebene gegenübergestellt. Dementsprechend sind die Funktionswerte als Säulen, Wände oder Flächen dargestellt (immer Daten aus Bildteil a). Für das Erscheinungsbild ist die Betrachtungsperspektive sehr stark ausschlaggebend. Die beiden Flächendiagramme (3. v. l. und 4. v. l., untere Diagrammreihe) stellen beide die Funktion aus Bildteil a) dar, jedoch in kartesischen Koordinaten und in Polarkoordinaten.

Häufig sollen Diagramme Verteilungen veranschaulichen. Dazu gibt **Abb. 18** einige Beispiele. Der Datensatz ist ein Auszug aus Abb. 17 a. Um die Anteile der einzelnen Reihen an der Gesamtheit zu erkennen, sind die jeweiligen Zeilen- und Spaltensummen in Grau ergänzt. Bei relativen Darstellungen entspricht die Summe immer 100%. Kreisdiagramme sind für die Verdeutlichung der Anteile einer einzelnen Reihe sehr gut geeignet, wobei eine dreidimensionale Darstellung den optischen Eindruck der Segmentgröße beeinflusst und ggf. verfälscht. Das Histogramm ist vom Aussehen her mit dem Balkendiagramm verwandt, jedoch sind hier statt der Funktionswerte die Prozentanteile für ein definiertes Intervall auf der x-Achse abschnittsweise aufgetragen.

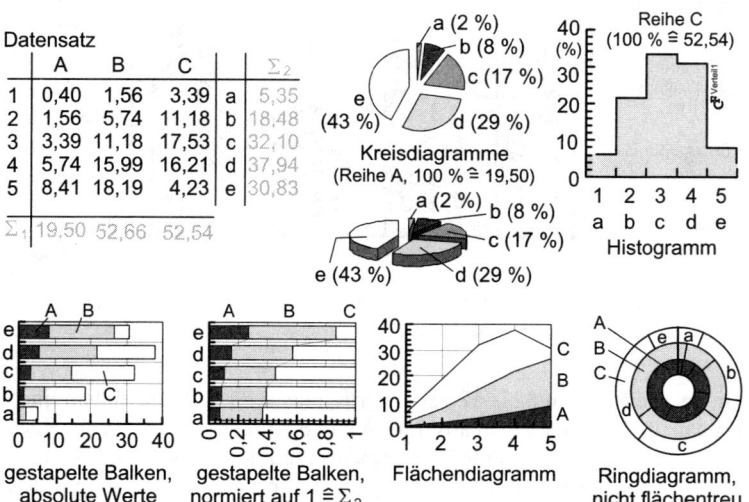

Abb. 18: *Diagramme für Anteile und Verteilungen*

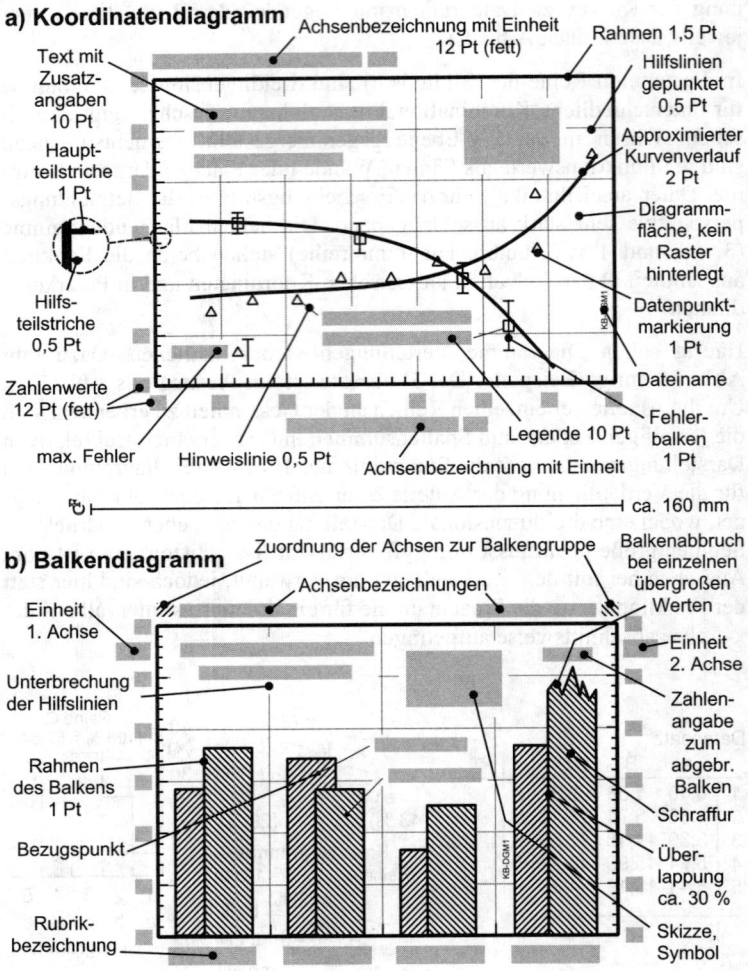

a) Koordinatendiagramm

- Achsenbezeichnung mit Einheit 12 Pt (fett)
- Rahmen 1,5 Pt
- Text mit Zusatzangaben 10 Pt
- Hilfslinien gepunktet 0,5 Pt
- Hauptteilstriche 1 Pt
- Approximierter Kurvenverlauf 2 Pt
- Diagrammfläche, kein Raster hinterlegt
- Hilfsteilstriche 0,5 Pt
- Datenpunktmarkierung 1 Pt
- Zahlenwerte 12 Pt (fett)
- Dateiname
- max. Fehler
- Hinweislinie 0,5 Pt
- Achsenbezeichnung mit Einheit
- Legende 10 Pt
- Fehlerbalken 1 Pt
- ca. 160 mm

b) Balkendiagramm

- Zuordnung der Achsen zur Balkengruppe
- Balkenabbruch bei einzelnen übergroßen Werten
- Achsenbezeichnungen
- Einheit 1. Achse
- Einheit 2. Achse
- Unterbrechung der Hilfslinien
- Zahlenangabe zum abgebr. Balken
- Rahmen des Balkens 1 Pt
- Schraffur
- Bezugspunkt
- Überlappung ca. 30 %
- Rubrikbezeichnung
- Skizze, Symbol

Abb. 19: *Gestaltungselemente von Diagrammen, a) Koordinatendiagramm und b) Balkendiagramm*

Die untere Reihe in Abb. 18 zeigt Verteilungen für mehrere Datenreihen. Gestapelte Balken können absolute Werte oder relative Anteile anzeigen. Das Flächendiagramm enthält gestapelte Funktionskurven und ist daher ein Koordinatendiagramm. Das Ringdiagramm ist ein für mehrere Datenreihen erweitertes Kreisdiagramm. Wegen der unterschiedlichen Radien sind die Flächen für die einzelnen Datenreihen nicht vergleichbar. Hier erscheint es günstiger, mehrere Kreisdiagramme nebeneinander anzuordnen (vgl. Abb. 23, S. 69).

Die wichtigsten Diagrammtypen im naturwissenschaftlichen Bereich sind Koordinaten-, Balken- und Kreisdiagramm. **Abb.** 19 enthält exemplarisch die für das Lay-out relevanten Gestaltungselemente eines Koordinaten- und Balkendiagramms. Die inhaltliche Bedeutung der Elemente ist in Kap. 3.4.3 näher erläutert.

Für die Ausführung von allen Diagrammtypen ist wichtig, dass innerhalb der Dokumentation das Lay-out gleich bleibt. Die maximale Anzahl von eingetragenen Datenreihen liegt i. Allg. bei etwa 5–6, damit das Diagramm nicht überladen ist.

Die Nennung der dargestellten Größe mit ihrer Einheit in der Achsenbezeichnung ist elementar, wird aber immer wieder vergessen. Vorsatzeinheiten in Diagrammen können der Achsenbezeichnung zugeschlagen werden, z. B. „Wellenlänge in 10^{-10} m". Beginnen beide Diagrammachsen im Ursprung mit null, so wird die Null zweimal eingetragen.

Da fast alle Datensätze mit Unsicherheiten behaftet sind, ist die Angabe einer Fehlerabschätzung unabdingbar, am einfachsten mit einem maximalen Fehlerbalken für alle Werte im Diagramm. Eine ausführlichere Behandlung ist die Angabe eines Fehlerbalkens für jeden Datenpunkt (z. B. Standardabweichung). Wenn es physikalisch sinnvoll ist, kann man zusätzlich zu den Datenpunkten eine interpolierte oder approximierte Kurve erstellen.

Die folgenden Abbildungen zeigen einige ausgeführte Beispiele für die wichtigsten Diagrammtypen. Hier wurden die Lay-out-Elemente, Formatierungen, Zusatzangaben und grafischen Erweiterungen dazu eingesetzt, die Gestaltungsmöglichkeiten aufzuzeigen.

Das Koordinatendiagramm in **Abb.** 20 enthält in Teil a) gemessene Verbrauchswerte bei einer Testfahrt eines Kraftfahrzeugs und in Teil b) ein Beispiel für einen entsprechenden Begleittext. Um die Verständlichkeit im Rahmen dieses Leitfadens zu erhalten, wurden alle relevanten Zusatzangaben in das Diagramm integriert. In einer Dokumentation sollten jedoch für eine bessere Übersichtlichkeit die tabellarischen Aufstellungen in den Rahmen in getrennten Tabellen außerhalb der Abbildung erfasst werden.

Bei vielen Messpunkten in einer kontinuierlichen Meßreihe ist es sinnvoll, benachbarte Datenpunkte durch einfache Geradenstücke zu verbinden, wie es hier geschehen ist. Wenn man sich in diesem Diagramm nur die Messpunkte ohne Zusatzangaben vorstellt, kann man leicht nachvollziehen, dass unbedingt Ergänzungsangaben für die Aussagefähigkeit einer Diagrammdarstellung notwendig sind (vgl. Tab. 10, S. 39).

a)

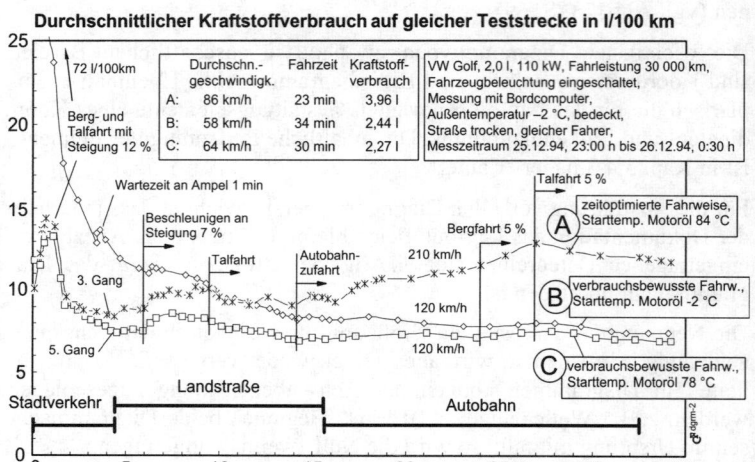

b)

Das Diagramm zeigt den Kraftstoffverbrauch eines Pkw auf der gleich bleibenden Strecke von etwa 32 km Länge für drei Fahrten A, B, C. Diese unterscheiden sich durch die Starttemperatur des Motors und die Fahrweise des Fahrers. Die wichtigsten Versuchsparameter sind im Diagramm enthalten.

Der streckenbezogene Kraftstoffverbrauch, jeweils vom Fahrtbeginn an bei 0 km gemittelt, wurde gewählt, weil er im Vergleich zum Momentanverbrauch oder zum spezifischen Verbrauch ein anschauliches und allgemein bekanntes Maß für den Kraftstoffbedarf darstellt. Man muss bedenken, dass in einen für eine Entfernung angegebenen Verbrauchswert immer alle vorhergehenden Ereignisse einfließen.

Die Messstrecke wurde so gewählt, dass möglichst viele verbrauchswirksame Effekte zu erkennen sind. Dazu gehören Kaltstartverbrauch, Berg- und Talfahrt (Steigung/Gefälle 12 %), Gangwahl bei gleicher Geschwindigkeit im Stadtbereich, Warten an Ampel, Beschleunigen, Fahren im Schubbetrieb bergab und Fahren auf der Autobahn mit unterschiedlicher Geschwindigkeit und an 5-prozentigen Steigungen.

Vergleicht man die Kurven A und C, so wird deutlich, dass sich eine verbrauchsbewusste Fahrweise lohnt, schon im Stadtbereich und auf der Landstraße, noch mehr bei der Vermeidung sehr hoher Geschwindigkeiten auf der Autobahn. Immerhin wurden im Fall A 3,96 l Kraftstoff im Vergleich zu 2,27 l im Fall C verbraucht, also 74 % mehr. Zur Begründung wird auf Abb. 23 verwiesen.

Die Kurven B und C verdeutlichen sehr anschaulich, dass zum Betrieb eines kalten Motors viel Kraftstoff benötigt wird. Dies bedeutet, dass mindestens Strecken von 30 km Entfernung gefahren werden sollten, wenn der Anteil des erhöhten Kaltstartverbrauchs nicht mehr nennenswert sein soll. Beachtlich ist in diesem Fall, dass der Unterschied zwischen B und C noch nach 15 km ca. 18 % entspricht.

Abb. 20: *Zweidimensionales Koordinatendiagramm a) und Beispiel für Begleittext b)*

Abb. 21 zeigt den Vergleich zwischen zweidimensionaler und dreidimensionaler Darstellung am Beispiel des empfundenen Lautstärkepegels in Abhängigkeit vom Schalldruckpegel und der Schallfrequenz.

Der zweidimensionale Bildteil a) ist der Norm entnommen. Diese Darstellung ist zum Ablesen von Wertepaaren am besten geeignet. Da dreidimensionale Diagrammdarstellungen auf der ebenen Papierfläche immer nur durch die einmal festgelegte Betrachtungsperspektive angesehen werden können, ist ein Ablesen von einzelnen Zahlenwerten sehr erschwert oder ganz unmöglich.

Die Bildteile b) und c) enthalten die dazugehörenden dreidimensionalen Darstellungen für den Schalldruckpegel und den Lautstärkepegel als Funktionswert. Je nach Aussage muss man besonders bei dreidimensionalen Darstellungen die Wahl der Funktionsachse genau überlegen. Bei allen drei Diagrammen ist die Achse für die Schallfrequenz stark nichtlinear. Die Achsenausschnitte sind in den Bildteilen gleich gewählt.

Die Stärke von dreidimensionalen Diagrammen liegt in der Veranschaulichung von Funktionen zweier Variablen. Dennoch ist meist die fast äquivalente Darstellung in einem zweidimensionalen Koordinatensystem mit Kurvenscharen für ausgewählte Zahlenwerte der dritten Dimension informativer. Wegen der erheblich besseren Ablesbarkeit sollte wie in Abb. 21 für alle Achsen ein Punktraster (punktierte Hilfslinien mit Linienstärke 0,5 Pt) unterlegt werden.

Das Balkendiagramm **(Abb. 22)** dient zur Gegenüberstellung von Zahlenwerten, die zu diskreten Größen oder Zuständen gehören. Diese Zustände werden auf der Abszisse in Rubriken ohne numerischen Zusammenhang nebeneinander angeordnet. Bei Balkendiagrammen sollten wegen der besseren Übersichtlichkeit die Balken verschiedener Serien zur gleichen Rubrik überlappt dargestellt werden.

Die Abbildung zeigt auch, dass Grafiksymbole, wie hier die Getreidearten, die Anschaulichkeit erheblich verbessern. Ebenso bietet es sich an, Prüfmaschinen, Messgeräte, Rechnermodelle u.a. in einem Sinnbild (Piktogramm, Icon) darzustellen (vgl. Kap. 4.2.2). So kann der Leser in jedem Diagramm der Dokumentation die Zusatzangaben grafisch erfassen. Außerdem wird der Unterschied zwischen mehreren ähnlichen Diagrammen unmissverständlich verdeutlicht. Im Vergleich zu einer freien Legende mit Schraffursymbolen sind Zuordnungspfeile zur Bezeichnung der einzelnen Serien für den Leser schneller zuzuordnen.

Das Kreisdiagramm in **Abb. 23** dient zur Verdeutlichung von Anteilen einer Gesamtheit, wobei die Öffnungswinkel der einzelnen Kreissegmente proportional zu diesen Anteilen sind. Bei Kreisdiagrammen ist die übersichtliche Angabe von Fehlertoleranzen schwierig.

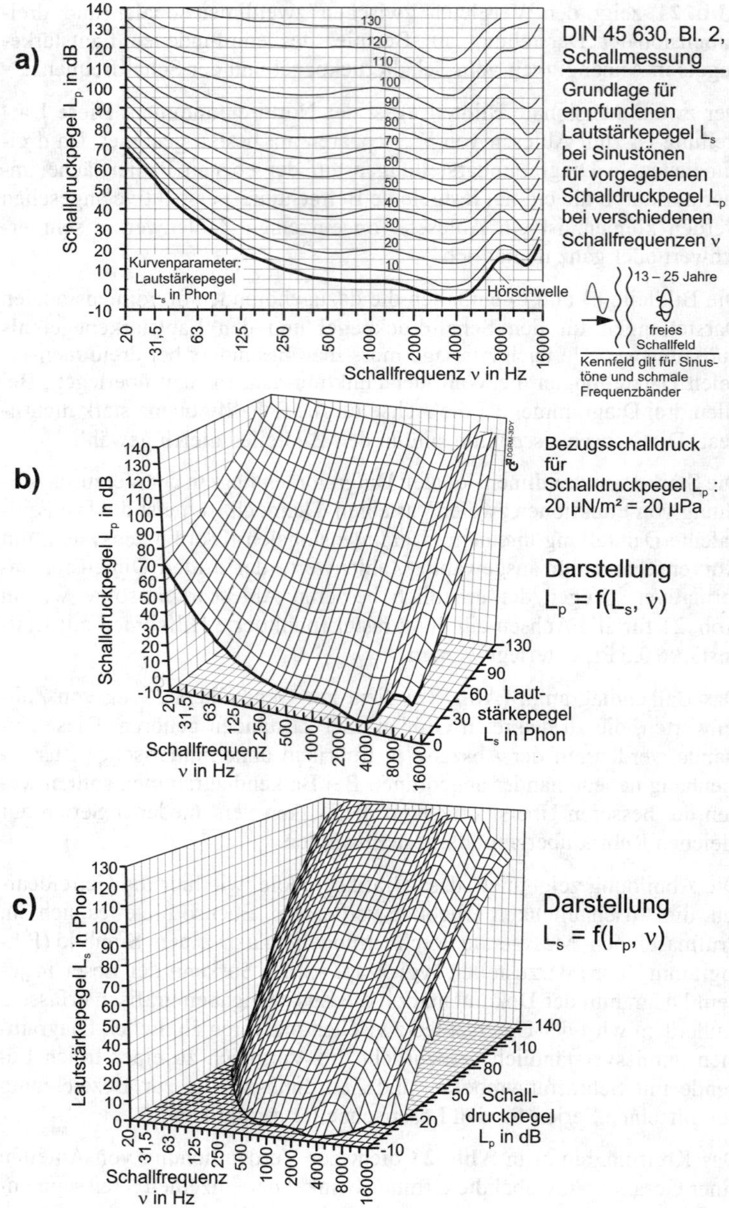
a)
Schalldruckpegel L_p in dB
140 130 120 110 100 90 80 70 60 50 40 30 20 10 0 -10
130 120 110 100 90 80 70 60 50 40 30 20 10
Kurvenparameter:
Lautstärkepegel
L_s in Phon
Hörschwelle
20 31,5 63 125 250 500 1000 2000 4000 8000 16000
Schallfrequenz ν in Hz
DIN 45 630, Bl. 2,
Schallmessung
Grundlage für empfundenen Lautstärkepegel L_s bei Sinustönen für vorgegebenen Schalldruckpegel L_p bei verschiedenen Schallfrequenzen ν
13 – 25 Jahre
freies Schallfeld
Kennfeld gilt für Sinustöne und schmale Frequenzbänder
b)
Schalldruckpegel L_p in dB
140 130 120 110 100 90 80 70 60 50 40 30 20 10 0 -10
20 31,5 63 125 250 500 1000 2000 4000 8000 16000
Schallfrequenz
ν in Hz
130 90 60 30 0
Lautstärkepegel
L_s in Phon
DGRM-3DV
Bezugsschalldruck für Schalldruckpegel L_p :
20 μN/m² = 20 μPa
Darstellung
$L_p = f(L_s, \nu)$
c)
Lautstärkepegel L_s in Phon
130 120 110 100 90 80 70 60 50 40 30 20 10 0
20 31,5 63 125 250 500 1000 2000 4000 8000 16000
Schallfrequenz
ν in Hz
140 110 80 50 20 -10
Schalldruckpegel
L_p in dB
Darstellung
$L_s = f(L_p, \nu)$

Abb. 21: *Dreidimensionale Koordinatendiagramme*

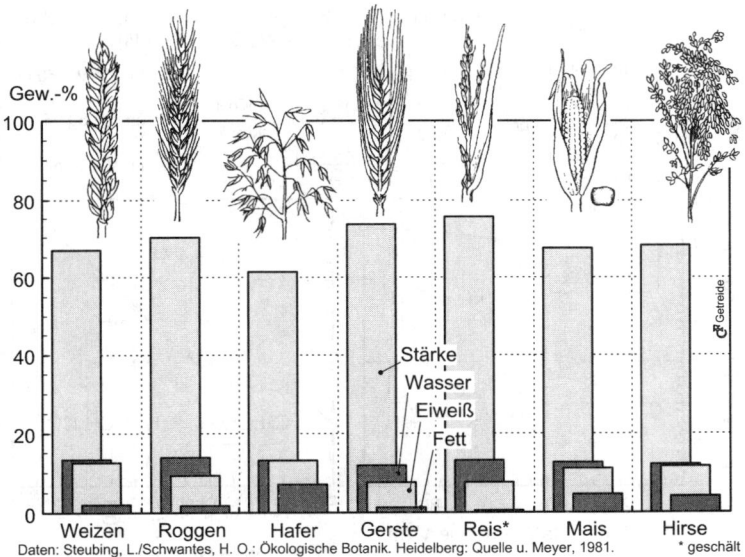

Daten: Steubing, L./Schwantes, H. O.: Ökologische Botanik. Heidelberg: Quelle u. Meyer, 1981.   * geschält

Abb. 22: *Balkendiagramm (Bestandteile wichtiger Getreidearten)*

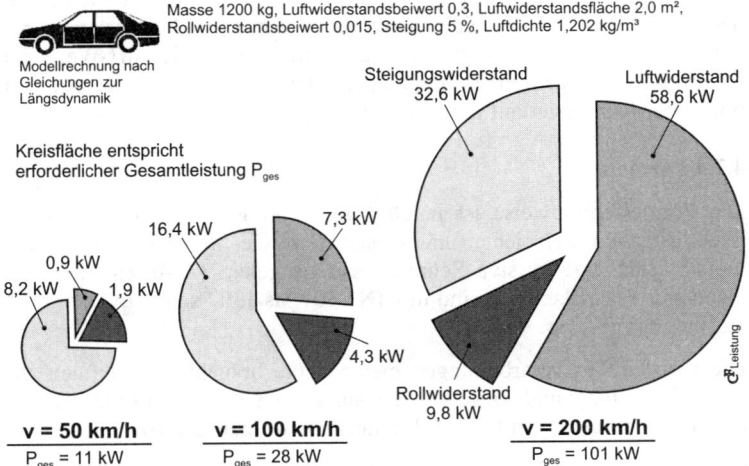

Abb. 23: *Kreisdiagramme (Leistungsbedarf eines Kraftfahrzeugs)*

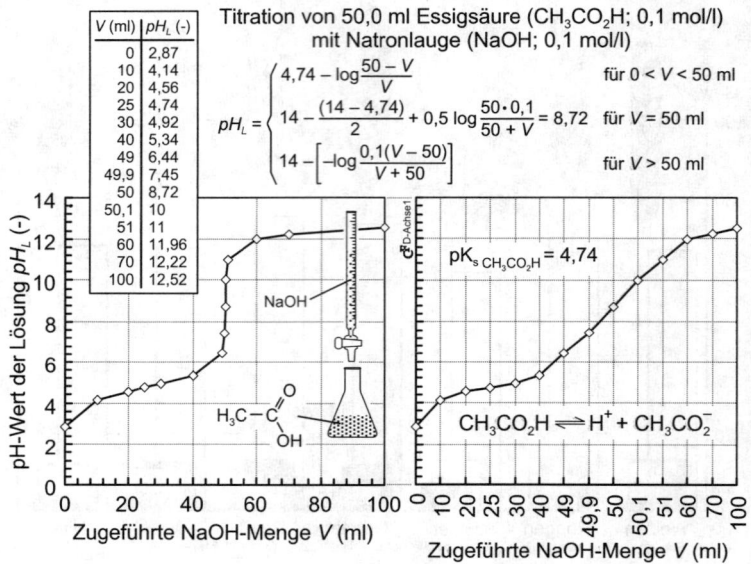

Abb. 24: *Diagrammdarstellung mit numerischer und alphanumerischer Achse*

Abb. 24 zeigt als letztes Diagrammbeispiel den Unterschied zwischen einer numerischen Achse und einer alphanumerischen Achse bei der Darstellung der gleichen Datenpunkte. Im rechten Diagramm sind die Zahlen der x-Achse lediglich Bezeichnungen für die Rubriken. Dadurch wird bei den vorliegenden Messdaten der sehr steile Anstieg des pH-Werts im Neutralisationspunkt nicht abgebildet. Bei äquidistanten Stützstellen bliebe der Kurvenverlauf unverändert.

4.2.4 Formeln

Die Formelschreibweise ist in DIN 1338 geregelt. Darin werden die wichtigsten Formelzeichen und -abstände sowie für verschiedene Formelelemente eine kursive Schreibweise festgelegt **(Abb. 25).** Zu verwendende Formelzeichen sind in DIN 1301 bis 1304 sowie in DIN 1313 zu finden (vgl. Kap. 9.3).

Die meisten Textverarbeitungen bieten heute brauchbare Routinen zur Formelerstellung und -gestaltung, sodass auch mathematische Zusammenhänge durchaus professionell umgesetzt werden können.

Grundsätzlich ist für den Formelsatz wichtig, dass die Formelzeichen und die Bezüge von Klammern, Bruchstrichen, Wurzelzeichen usw. ein-

1. Kursive Schrift für

> **Variable**
> a k c_{ij} n-fach $i = 1, 2, ..., n$
>
> **Formelzeichen physikalischer Größen**
> m (Masse) F (Kraft)
> C (Kapazität) Re (Reynoldszahl)
>
> **Funktionszeichen**
> $f(x)$ $g(x)$ $\varphi(x)$ ... $L(y) = y' + y''$

Senkrechte Schrift für

> **Zahlen, Ziffern**
> $1{,}23 \cdot 10^6$ $5n^2$ a_{12} 12fach
>
> **Mathematische Konstanten**
> π e $i = \sqrt{-1}$
>
> **Operatoren mit fester Bedeutung**
> d ∂ $\int$ Σ Π Δ sin log
>
> **Einheiten und Vorsätze, Texte**
> m (Meter)   F (Farad)
> C (Coulomb)   μ (Mikro-)
> kHz Nm Mhz kWh μm ms eV
> V_{Kugel} Volumen vereinfacht wird ...
>
> **Chemische Symbole**
> H_2O; N_2; Fe; $^{63}_{30}Zn^{2+}$

2. Zwischenräume nach Erscheinungsbild

> **Produkte näher als Summen**
> $ab + cd$
>
> **Gliederung von Zahlen**
> 1 234   3 243 951   2 542,12
> 3 221   2 107 211   3 284,08

3. Multiplikationszeichen

> **Weglassen, wenn eindeutig**
> $ab + cd$ $ab(x + yz)$
>
> **Sonst Multiplikationspunkt**
> $n! = 1 \cdot 2 \cdot 3 \cdot ... \cdot n$ $2 \cdot 5\, a^2 b$ $\dfrac{A}{B} \cdot \dfrac{(C + D)}{(E + F)}$
>
> **Liegendes Kreuz bei Abmessungen**
> 3,2 mm × 8,48 mm; 9 m × 6 m × 3 m

4. Klammern und Brüche

> **Eindeutige Anordnung**
> $ab(x + yz)$ $(\sin x)\sqrt{3\dfrac{(x + 1)}{(x - 1)}}$
>
> **Klammernhöhe variabel**
> $(E + F)\cdot\left(\dfrac{A}{B} + C\right)$
>
> **Waagerechte statt schräge Bruchstriche**
> $\dfrac{A}{B} \cdot \dfrac{(C + D)}{(E + F)}$

5. Zeilenumbruch in Formeln

> **Umbruch vor Gleichheitszeichen**
> $(a + b)^2 = (a + b)(a + b)$
> $\qquad\quad = a^2 + 2ab + b^2$
>
> **Umbruch vor Plus- oder Minuszeichen**
> $z + 1 = (x + 3)(y - 3x + 1)$
> $\qquad\quad + 4(x^2 + 3xy^2 + y^2)$
>
> **Umbruch in chemischen Reaktionsgleichungen nach Pfeil**
> $Zn + MnO_2 + 2\,NH_4Cl \longrightarrow$
> $\quad [Zn(NH_3)_2]Cl_2 + Mn_2O_3 + H_2O$

6. Reservierte Kennzeichnungen

> **Mittelwerte**
> einfache Überstreichung $\bar{x}$ $\bar{y}$
>
> **Vektoren**
> Fettdruck oder $\boldsymbol{F}$ $\boldsymbol{E}$
> Pfeile über Zeichen $\vec{a}$ $\vec{b}$
>
> **Matrizen**
> Fettdruck oder
> doppelte Unterstreichung $\boldsymbol{M}$ $\underline{\underline{M}}$
>
> **Beträge**
> Senkrechter Einschluss $|x|$ $|y|$
>
> **Amplituden**
> Zirkumflex $\hat{A}_1$ $\hat{A}_2$
>
> **Differenzen**
> Vorsetzen von Delta $\Delta x = x_2 - x_1$
>
> **Ableitungen**
> Hochstrich $f'; f''; f'''$ $f'(x) = \dfrac{df(x)}{dx}$
> Punkt bei zeitl. Ableitungen $\dot{s} = \dfrac{ds(t)}{dt}$
>
> **Konjugiert komplexe Zahlen**
> Stern $z^* = Re\,z - Im\,z$

Abb. 25: *Grundregeln für den Formelsatz nach DIN 1338*

deutig zu identifizieren sind. Eine gute Formeldarstellung vermittelt schon beim ersten Anblick die mathematische Gliederung der dargestellten Abhängigkeit.

Dazu dürfen die einzelnen Zeichen in einer Formel nicht zu dicht gesetzt werden, damit ihr Aufbau vom Leser schnell erfasst werden kann. Deshalb bieten die Formeleditoren alle die Möglichkeit, Abstände zwischen den Zeichen individuell einzustellen.

Daneben muss jeder Variablen in der Dokumentation durchgängig die gleiche Bedeutung zukommen und diese auch für den Leser definiert

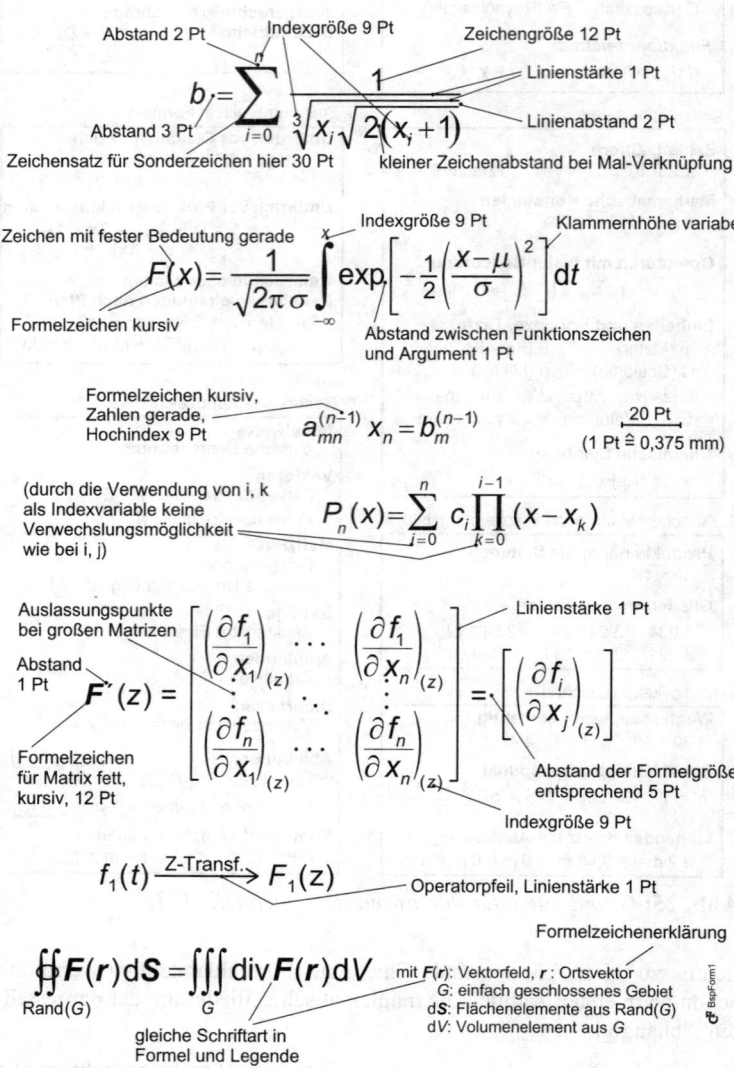

Abb. 26: *Beispiele für den Formelsatz (DIN 1338 und DIN 1302)*

werden. Bei häufigem Auftreten des Formelzeichens geschieht dies im Verzeichnis der Formelzeichen (siehe Kap. 3.2.3), bei wenigen Formeln in der Dokumentation kann dies unmittelbar an der Position der Formel im Text geschehen.

Das Aussehen des Formelsatzes muss in der ganzen Dokumentation einheitlich sein. Es werden ausschließlich einheiteninvariante Formeln verwendet und keine Zahlenwertgleichungen, die nur für bestimmte Einheiten gelten. Bei den Einheitenvorsätzen muss die Groß- und Kleinschreibung genau beachtet werden. Einheiten haben nie Indizes und werden nie in eckigen Klammern angegeben. Eckige Klammern um eine Variable werden als Funktionsoperator zur Zuordnung von physikalischer Größe und ihrer Einheit eingesetzt, z. B. $[U]=V$ mit U als Variable für die elektrische Spannung und V als Einheitenkurzzeichen für die Einheit Volt.

Vor und nach einem Gleichheitszeichen steht ein schmales Leerzeichen. Zahlenwert und Einheit werden ebenfalls mit schmalem Leerzeichen getrennt.

Die Beispielformeln in **Abb. 26** sind nach DIN 1338 ausgeführt und enthalten alle wichtigen Fälle des Formelsatzes.

Abmessungen müssen so geschrieben werden: 100 mm × 100 mm × 50 mm. Nur in diesem Fall findet das liegende Kreuz Verwendung. Ersatzweise kann das x des Alphabets eingesetzt werden. Im Deutschen ist das Komma Dezimaltrennzeichen, als Tausendertrennzeichen kann ein schmales Leerzeichen verwendet werden. Für die Darstellung eines Zahlenbereiches dient der Gedankenstrich mit Festabständen, nicht jedoch der Bindestrich.

4.3 Nummerierungen

In einer Dokumentation sind Nummerierungen für verschiedene Elemente erforderlich, wie sie in **Tab. 13** zusammengestellt sind. Genormt sind Zählweisen in DIN 1421.

Am übersichtlichsten hat sich folgende Ausführung der Nummerierungen erwiesen:

Abgesehen von der Kapitelzählung, Fußnotennummerierung und Nummerierungen in Auflistungen werden alle anderen Zählungen mit fortlaufenden arabischen Ziffern ausgeführt. Das hat den Vorteil, dass der Leser eine Vorstellung vom Umfang der gezählten Elemente gewinnt, z. B. Seitenzahl oder Anzahl der Abbildungen, und sich daher besser im Dokument bewegen kann. Für die Erstellung durchlaufender Nummernsyste-

1. Nummerierung der Seiten	1, 2, 3, 4, ...	arabisch, fortlaufend
2. Nummerierung der Kapitel	1 – 1.1 – 1.1.1	arabisch, nach Gliederungsebenen
3. Nummerierung der Abbildungen	Abb. 1, Abb. 2, ...	arabisch, Kennzeichen Abb.
4. Nummerierung der Tabellen	Tab. 1, Tab. 2, ...	arabisch, Kennzeichen Tab.
5. Nummerierung von Formeln	Gl. 1, Gl. 2, ...	arabisch, Kennzeichen Gl.
6. Nummerierung der Quellen	[1], [2], ...	arabisch, in eckigen Klammern
7. Nummerierung der Fußnoten	1, 2, ...	arabisch, Hochzahlen, seitenweise
8. Nummerierung in Aufzählungen	1., 2., 3., ...	arabisch, Ordinalzahlen

Tab. 13: *Nummerierungen in einer Dokumentation*

me empfiehlt sich allerdings die Nutzung automatisierender Funktionen der Textverarbeitung (Kap. 8.2.1), da beim Einfügen neuer Elemente alle nachfolgenden Elementnummern und die entsprechenden Verweise aktualisiert werden müssen.

Eine Alternative sind kapitelbezogene Zählungen. Diese sind jedoch wegen ihres komplizierteren Aufbaus immer weniger übersichtlich (z. B. Abb. 1.3.12 oder Abb. 2.4–7). Der Vorteil einer begrenzten Neunummerierung beim Einfügen neuer Elemente verliert durch die rechnergestützte Texterstellung an Bedeutung.

Obwohl traditionell oft die Seiten der Titelei gesondert gezählt werden, kann man heute eine durchgängige Seitenzählung auf der ersten selbst bedruckten Seite, also dem Titelblatt, beginnen. Der Ausdruck der arabischen Seitenzahl in der Kopfzeile erfolgt jedoch erst ab dem Inhaltsverzeichnis. Damit entfällt auch die sonst übliche gesonderte römische Nummerierung eines mehrseitigen Inhaltsverzeichnisses. Die Seiten des Anhangs werden ebenfalls unverändert weitergezählt.

Die Kapitelzählung erfolgt entsprechend der Gliederungsstruktur in verschiedenen hierarchischen Ebenen. Nach DIN 1421 werden die Ebenen durch Punkte zwischen den Ziffern getrennt. Die letzte Ziffer erhält keinen Punkt (z.B. 1 – 1.1 – 1.1.1). Wegen des möglichen höheren Zahlenbereiches ist eine Nummerierung mit arabischen Ziffern angebracht. Das Inhaltsverzeichnis und Elemente der Titelei erhalten keine Kapitelnummer.

Traditionell werden Tabellen mit einer gesonderten Nummerierung versehen (Kennzeichen Tab.). Sie können jedoch im Zuge einer Vereinheitlichung der Zählsysteme in die Zählung der Abbildungen (Kennzeichen Abb.) integriert werden. Alle anderen Grafikelemente, also Fotos, Skizzen, Diagramme, werden mit dem Kennzeichen „Abb." oder „Bild" gezählt.

Bei der Ableitung oder Diskussion mathematischer Zusammenhänge ist die Verwendung von Formeln unerlässlich. Zur verständlichen Bezugnahme im Text werden die Formeln mit einer eigenen Zählung nummeriert (Kennzeichen Gl.). Dabei sollte jede abgedruckte Formelzeile eine Nummer zugewiesen bekommen.

Die verwendeten und im Text angeführten Literaturquellen werden nummeriert, im Quellenverzeichnis aufgelistet und einer Referenznummer zugeordnet. Im Text erscheinen Verweise mit Angabe dieser Referenznummern (vgl. Kap. 3.3). Ordnungsparameter für die Reihenfolge der Literaturstellen im Quellenverzeichnis ist die alphabetische Sortierung nach Autorennamen bzw. Titeln oder die Reihenfolge des Auftretens im Text.

Diese Ordnung bestimmt die Nummern in den Verweisen, weshalb bei längeren Arbeiten ohne rechnergestützte Textverarbeitung meist keine gesonderte Sortierung der Quellen durchgeführt wurde.

Um jederzeit eine Neusortierung mit Änderung der Quellennummern zu ermöglichen, darf man Quellenverweise bei Abbildungen nur in die Bildunterschrift aufnehmen und nicht in das Grafikelement selbst integrieren.

Aufzählungen mit nummerierten Absätzen sollten mit arabischen Ordnungszahlen, losgelöst von allen anderen Zählungen, nummeriert werden (1. – 2. – 3.). Als Alternative, z. B. für verschachtelte Aufzählungen, ist die Zählung mit alphabetischen Kleinbuchstaben und nachfolgender runder Klammer möglich, z. B. a) – b) – c).

Fußnoten sollten seitenbezogen gezählt werden, d. h., auf jeder Seite erhält die erste Fußnote die Nummer 1. Der Fußnotentext wird am unteren Seitenende nach dem hochgestellten Fußnotenzeichen[1] plaziert (vgl. Kap. 4.1).

Die Verwaltung und richtige Positionierung der Fußnotentexte auf der richtigen Seite, die bei manueller Texterstellung sehr aufwendig war, wird heute von leistungsfähigen Funktionen der Textverarbeitung übernommen.

---

[1] Für die richtige Positionierung von Fußnotenzeichen siehe Kap. 8.2.2.

4.4 Zitierweise von Quellen

Ein Verzeichnis mit allen in der Arbeit verwendeten Quellen ist für eine gute Dokumentation grundlegend. Eine ausreichende Anzahl von Nennungen weist auf ein fundiertes Arbeiten des Studierenden unter Einbeziehung bereits vorhandenen Wissens in die eigenen Tätigkeiten hin.

Das Ziel der Quellenangaben im Quellennachweis ist, die in der Arbeit verwendeten Informationen von anderen Autoren nachzuweisen und für die Weiterbearbeitung des Problemfeldes geeignete Literaturhinweise bereitzustellen. Auf alle im Verzeichnis einer Arbeit angegebenen Nennungen muss im Text ein Quellenverweis vorhanden sein. Abgesehen von Literaturrecherchen als Gegenstand einer Arbeit mit sehr vielen Literaturangaben umfasst ein Quellennachweis zu Studien-, Examens- und Diplomarbeiten i. Allg. ca. 15 bis 50 Nennungen. Seminararbeiten liegen bei etwa der Hälfte.

Für die Ausführung von Quellenangaben gilt der Grundsatz, dass alle genannten Stellen in einer Weise zitiert werden, die sie in wissenschaftlichen Bibliotheken auffindbar macht. Für den Leser ist neben der Autorenangabe auch der Sachbezug und die zeitliche Einordnung wichtig, weshalb diese ebenfalls in der Quellenangabe genannt werden.

Eine allgemein verständliche Ausführung von Quellennachweisen erfordert eine gewisse Normung der Angaben, festgelegt in DIN 1505, Teil 2. Die dort auf 18 Seiten zu findenden umfangreichen Festlegungen für die Nachweise der verschiedensten Typen von Quellen lassen sich auf ein einheitliches Grundprinzip zurückführen:

Autorenname(n): *Sachtitel.* **Angaben zur Erscheinungsweise. – Ergänzungen**

Für die Angabe der Autorennamen bestehen folgende Regeln: Alle Namen der beteiligten Autoren werden mit ausgeschriebenem Nachnamen und nach Komma stehendem Anfangsbuchstaben der Vornamen angegeben. Die verschiedenen Autoren werden durch Semikolon getrennt. Titel der Autoren werden weggelassen (z. B. Prof. oder Freiherr), Namensbestandteile werden dem Nachnamen zugeschlagen (z. B. von Müller). Sind Vorname und Familienname nicht erkennbar, wird die Reihenfolge der Vorlage angegeben (z. B. bei ausländischen Verfassern). Sind keine Verfasser bekannt, so werden andere beteiligte Personen angegeben und die Funktion durch einen Zusatz in Klammern kenntlich gemacht, z. B. Herausgeber (Hrsg./Hg.) oder Übersetzer (Übers.). Autoren können auch körperschaftliche Urheber sein (z. B. Firmen, Behörden). Die Angabe der Autorennamen schließt mit einem Doppelpunkt.

Der Sachtitel ist i. Allg. der Titel des Aufsatzes oder des Schriftstücks, erkennbar an der besonderen typographischen Hervorhebung. Üblicherweise wird der Sachtitel als einzige Angabe kursiv gesetzt. Untertitel können nach Doppelpunkt, Leerzeichen angeschlossen werden. Die Titelangabe insgesamt schließt mit einem Punkt.

Die Angaben zur Erscheinungsweise hängen stark von der bibliographischen Einheit ab und werden daher in den Hinweisen zu einzelnen Literaturarten getrennt beschrieben (vgl. unten). Nach Leerzeichen, Gedankenstrich, Leerzeichen können eigene Ergänzungen angeschlossen werden.

Wichtige bibliographische Einheiten für studentische Arbeiten sind Bücher, Aufsätze in Büchern, Aufsätze in Zeitschriften, Proceedings (Tagungsbände von Tagungen, Konferenzen und Symposien), Dissertationen, studentische Arbeiten (z. B. Diplomarbeiten), Vorlesungsumdrucke, Normen, Firmenschriften, Bedienungsanleitungen, Handbücher und zunehmend auch elektronische Medien.

In Bibliographien, besonders in Zeitschriften, werden bei Zitaten oft viele Abkürzungen verwendet, die nur von Bibliothekaren oder Fachleuten zum Thema zu entschlüsseln sind. Hilfen dazu geben DIN 1502 und ISO 4 (vgl. Kap. 9.3).

Nachfolgend werden die erforderlichen Angaben für diese Literaturtypen mit Reihenfolge, vorgesehenen Abkürzungen und Zeichensetzung zusammengestellt. DIN 1505, Teil 2, regelt sehr detailliert die Funktion und Anwendung von Leerzeichen vor und nach Interpunktionszeichen wie z. B. dem Doppelpunkt und dem Strichpunkt. Derart strengen Festlegungen müssen studentische Arbeiten jedoch nicht entsprechen, weshalb Leerzeichen in den folgende Hinweisen in Abweichung von DIN 1505 einem Satzzeichen (wie üblich) folgen, nicht aber vorausgehen. In spitze Klammern gesetzte Passagen sind durch die jeweiligen Daten der Quelle zu ersetzen. Für den Nachweis anderer bibliographischer Einheiten geht man in analoger Weise vor.

1. Bücher, Handbücher, Firmenschriften, Bedienungsanleitungen (selbstständig erschienene Schriften)

<Autorenname(n)>: *<Sachtitel>: <Untertitel>*. Bd. <Nummer>: <Titel des Bandes>. <Auflagenzählung> Aufl. <Erscheinungsort>: <Verlag>, <Erscheinungsjahr>.

Beispiele:

Kofler, M.: *Anwendungsprogrammierung mit Excel 5.0: Makros, Visual Basic für Applikationen, Datenbanken, Object Automation*. 1. Aufl. Bonn u. a.: Addison-Wesley, 1994. – ISBN 3-89319-731-1

Krestel, E. (Hrsg.): *Bildgebende Systeme für die medizinische Diagnostik: Grundlagen und technische Lösungen; Röntgendiagnostik, Kernspintomographie, Computer-*

tomographie, nuklearmedizinische Diagnostik, Sonographie. 2. Aufl. Berlin u. a.: Siemens-Aktiengesellschaft, Abteilung Verlag, 1988. – ISBN 3-8009-1505-7

Microsoft Corporation: *Benutzerhandbuch Word für Windows 6.0.* Neunkirchen: Buhl Data Service (Druck), 1993. – Firmenschrift HB 3021

Hottinger: *Meßverstärker-System MGC: Bedienungshandbuch B 601.00 MGC-2.1.* Darmstadt: Fa. Hottinger Baldwin Meßtechnik, 1992.

Mortimer, C. E.: *Chemie – Das Basiswissen der Chemie.* 5. Aufl. Stuttgart: Thieme, 1987.

An den Sachtitel schließt sich die Bandangabe an, eingeleitet durch „Bd.", gefolgt von der Nummer und nach Doppelpunkt die sachliche Benennung des Bandes. Die Bandangabe schließt mit einem Punkt. Anschließend erfolgt die Auflagenangabe. Sie besteht aus der Ordnungszahl der Auflage und der Abkürzung „Aufl.".

Daran schließt sich der erstgenannte Originalverlagsort an, gefolgt von einem Doppelpunkt und ggf. dem Hinweis „u. a.". Nun wird der erstgenannte Verlag angegeben. Fehlt dieser, so kann die herausgebende Körperschaft genannt werden, sofern diese nicht schon als Autor aufgeführt wurde. Fehlt auch diese, so wird ersatzweise der Drucker genannt, kenntlich gemacht mit dem Zusatz (Druck). Mit Komma und Leerstelle wird das Erscheinungsjahr angefügt. Nach Punkt, Leerzeichen, Gedankenstrich, Leerzeichen können sich ergänzende Angaben nach Vorstellungen des Zitierenden anschließen. Bei Firmenschriften und Bedienungsanleitungen kennzeichnet man dies hier und teilt die Bestell- oder Drucknummer mit. Zum Schluss kann die Angabe der ISBN angehängt werden.

2. Aufsätze aus Büchern, Proceedings und Zeitschriften (nichtselbstständig erschienene Schriften)

<Autorenname(n)>: *<Sachtitel des Aufsatzes>.* In/Proc.: <Titel des Buches>. Bd. <falls nötig>: <Titel d. Bandes>. <Auflagenzählung> Aufl. <Erscheinungsort>: <Verlag oder Kongressveranstalter>, <Erscheinungsjahr>, S. <Seitenangabe zum Aufsatz>.

oder bei Fachzeitschriften

<Autorenname(n)>: *<Sachtitel des Aufsatzes>.* Z. <Titel der Zeitschrift>. <Jahrgang>. (<Erscheinungsjahr>), Nr. <Heftnummer>, S. <Seitenangabe zum Aufsatz>.

Beispiele:

Macherauch, E.: *Introduction to residual stress.* In: Niku-Lari, A. (Editor): Advances in surface treatments: Technology, applications, effects. 1. ed. Oxford: Pergamon Press, 1987. – ISBN 0-08-034062-8

Bantle, R.; Matthews, A.: *Investigation into wear behaviour of ceramic coatings.* In: Stals, L. (Editor): Proceedings of the 4th International Conference on Plasma Surface Engineering, Garmisch-Partenkirchen, Germany, September 19-23, 1994. Amsterdam: Elsevier, 1995. – ISSN 0257-8972

Röntgen, W. C.: *Eine neue Art von Strahlen: I. Mittheilung.* In: Sitzungsbericht der Würzburger Physikal.-Medicin. Gesellschaft. Würzburg: Verlag und Druck der Stahel'schen K. Hof- und Universitäts- Buch- und Kunsthandlung, 1895.

Albers, M.; Hertel, J.; Schaber, R.: *Antriebskonzepte für zukünftige Überschallverkehrsflugzeuge.* Z. MTU Focus, Nr. 2 (1994), S. 16-20.

Autorenname(n) und Sachtitel beziehen sich auf den Aufsatz. In Ergänzung muss zum Auffinden der Literaturstelle die dazugehörige selbstständig erschienene Schrift angegeben werden analog zur Form in 1., eingeleitet durch „In:". Bei Zeitschriften wird häufig auch „Z." und bei Proceedings ohne Herausgeber „Proc." als Einleitung verwendet. Die Angabe von Fachzeitschriften erfolgt in der Reihenfolge Zeitschriftentitel, Jahrgangszahl, Erscheinungsjahr in Klammern, Komma, „Nr.", Heftnummer, Komma, „S.", Seitenangabe. Bei Proceedings wird u. U. noch angegeben: Titel der Tagung, Veranstalter, Punkt, Datum, Ort.

3. Studentische Arbeiten, Dissertationen, Vorlesungsumdrucke (Hochschulschriften)

<Autorenname>: <Sachtitel>. <Art der Schrift>, <Hochschule> <Hochschulort>, <Jahr der Anfertigung>.

Beispiele:

Breuer, B.: *Kraftfahrzeuge II.* Skriptum zur Vorlesung. TH Darmstadt, Fachbereich Maschinenbau, Fachgebiet Fahrzeugtechnik, 1990.

Hausmann, H.: *Implementierung von Softwaremodulen für ein Prozeßvisualisierungssystem zur Erfassung und Auswertung von digitalen Meßwerten aus Verschleißversuchen.* Diplomarbeit TH Darmstadt, Fachbereich Elektrotechnik, Institut für Datentechnik, August 1994.

Keller, A.: *Optimierung verschleißfester Hartstoffschichten für Werkzeuge in der Blechumformung mit Hilfe von Versagensmodellen.* Diss. ETH Zürich, 1993.

Der Nachweis von Hochschulschriften gestaltet sich einfach, da Angaben zur Erscheinungsweise entfallen. Die Angaben zur Hochschule werden in der angegebenen Reihenfolge aufgelistet. Wenn Dissertationen als selbstständig erschienene Schrift verlegt sind, werden sie wie Bücher nachgewiesen und in den ergänzenden Angaben als Dissertation gekennzeichnet (vgl. Punkt 1 des Kapitels).

4. Normen

Norm <Normbezeichnung>: <Sachtitel>: <Untertitel>. Ausg. <Ausgabemonat. Ausgabejahr>. <Bezugsmöglichkeit>.

Beispiele:

Norm DIN 1313: *Physikalische Größen und Gleichungen – Begriffe, Schreibweisen.*
Ausg. 4.1978. Berlin: Beuth Verlag.

Norm VDI-Richtlinie 2014 Bl. 2E: *Entwicklung von Bauteilen aus Faser-Kunststoff-Verbund; Konzeption und Gestaltung.* Ausg. 3.1991. Berlin: Beuth Verlag.

Norm SEW 310: *Physikalische Eigenschaften von Stählen.*
Stahl-Eisen-Werkstoffblätter des Vereins Deutscher Eisenhüttenleute, Ausg. 8.1992.
Düsseldorf: Verlag Stahleisen.

Der Nachweis von Normenwerken ist i. Allg. wegen der eindeutigen Strukturierung kein Problem. Besonders bei Normen, die nur einem kleinen Personenkreis bekannt sind, ist die Angabe der Bezugsmöglichkeit wichtig.

5. Audiovisuelle und sonstige Materialien

<Autorenname>: *<Sachtitel>*. <Art der Quelle>, <Erscheinungsort>: <Verlag>, <Erscheinungsdatum>.

Beispiele:

VDI calc – CD-ROM zur Auslegung und Berechnung von Maschinenelementen.
Düsseldorf: VDI Verlag, 1996. – ISBN 3-18-401590-4

Bundesministerium für Bildung und Wissenschaft: *Publikationsliste zum Thema Klimaforschung.* Internet http://www.dfn.de/bmbf/publikationen/klima.html, 28.05.1996

Mülherr, W.: *Private Mitteilung.* Darmstadt, Gespräch 29.02.1996

Der Nachweis von mündlichen Informationen oder von audiovisuellen Quellen orientiert sich vor allem an dem Grundsatz der eindeutigen Auffindbarkeit. Unterschieden werden flüchtige und nichtflüchtige Medien (z. B. Sendungen, Bildschirmdarstellungen in Computernetzen, mündliche Mitteilungen als flüchtige Medien bzw. Datenträger, Tonbänder oder Videofilme als nichtflüchtige). In Ergänzung zu den vorausgegangenen Richtlinien sollte immer das Medium erkennbar sein und möglichst „nichtflüchtig" vorliegen (z. B. Festhalten von Internetinformationen auf Diskette oder im Ausdruck). Wichtig ist auch die Angabe eines Bezugsdatums.

Mündliche Mitteilungen, zu denen keine verfügbare Veröffentlichung existiert, können als private Mitteilung nachgewiesen werden. Jedoch sollten solche Quellen nur in Ausnahmefällen verwendet werden, da diese für die Leser nur eine Belegfunktion und keine Nachschlagefunktion haben können.

Generell kann das im Anhang enthaltene Quellenverzeichnis dieses Leitfadens auch als Anregung für den Nachweis fremder Quellen herangezogen werden. In einer studentischen Arbeit sollte man besser mehr Angaben als unbedingt nötig machen, da dann die Weiterarbeit für andere Personen erheblich leichter ist. Auch können sich an jede Quelle einige kurze bewertende Hinweise zu ihrem Inhalt anschließen (etwa eine Zeile, vom Quellennachweis durch kleinere Schriftgröße abgesetzt).

4.5 Ordnen von Schriftzeichenfolgen

Für die Reihenfolge beim alphabetischen Sortieren von Schriftzeichenfolgen ist in Deutschland DIN 5007 maßgebend (ABC-Regeln, vgl. Kap. 9.3). Darüber hinaus stellt DIN 31 638 in Erweiterung der DIN 5007 bibliographische Ordnungsregeln zusammen, die für umfangreiche bibliographische Nachweise, z. B. in Bibliotheken, interessant sind. Auf internationaler Ebene existiert zu dieser Thematik die Norm ISO/TR 8393. Viele Sortierroutinen in Textverarbeitungen sortieren nicht genau nach den Vorgaben in der deutschen Norm.

Interessant ist die Sortierreihenfolge von Schriftzeichen für die Erstellung von alphabetischen Listen, das Sortieren der Literaturquellen im Literaturverzeichnis sowie die Erstellung eines Glossars oder Sachwortregisters. Im Folgenden werden die wichtigsten Grundfälle für die Sortierreihenfolge nach DIN 5007 zusammengefasst.

Vor allen anderen Zeichen werden Leerzeichen, dann gesprochene und nicht gesprochene Schriftzeichen, die keine Buchstaben oder Zahlen sind, geordnet (diakritische Zeichen, z. B. % § $ bzw. – ; , : „ ").

Die Grundlage für eine Ordnungsreihenfolge sind die Grundbuchstaben des lateinischen Alphabets, also a b c d e f g usw. Dabei werden Großbuchstaben den Kleinbuchstaben nachgeordnet. Abkürzungen und Kunstworte (Akronyme) werden nicht gesondert behandelt.

Ligaturen, z. B. Æ, werden wie die einzelnen Buchstaben behandelt, aus denen sie zusammengesetzt sind. Umlaute werden dem betreffenden Grundbuchstaben nachgeordnet (ä nach a). In Namensverzeichnissen dagegen entsprechen sie dem zugrunde liegenden Vokal plus e, z. B. ü entspricht ue (angewendet bei Telefonbüchern). Das ß wird der Folge ss nachgeordnet.

Buchstaben aus anderen Alphabeten, z. B. griechische Buchstaben, werden dem lateinischen Alphabet dem Ursprungsalphabet gemäß nachgeordnet. Diesen folgen erst römische, dann arabische Ziffern und Zahlen in aufsteigender Reihenfolge.

In Abweichung von dieser Sortierreihenfolge werden bei der Auflistung von mathematischen Formelzeichen die Symbole mit verwandter Bedeutung nacheinander angeordnet (z. B. Δx_1 nach x_1, vgl. Kap. 3.2.3).

Beim automatisierten alphabetischen Sortieren mit Software muss man bei mehrspaltigen Tabellen genau festlegen, ob ganze Tabellenzeilen oder nur die Felder einer Spalte sortiert werden sollen (vgl. auch Kap. 8.2).

Tab. 14 gibt ein Beispiel für die oben erläuterte alphabetische Sortierung von Schriftzeichenfolgen.

Zeichen	Sortierkriterium	Zeichen	Sortierkriterium
§ 51		in Kraft	(Leerzeichen)
§ 53		laufen	(klein vor groß)
abend		Laufen	
Ænigma	(Ligatur)	Masse	
Affinität		Maße	(ß nach ss)
Air France	(Leerzeichen)	Schroeder	
Airbag		Schröder	(ö nach oe **in Namen**)
Airport		Ypsilon	
am		z. B.	(Punkt vor a)
Ammoniak		zahlen	
Analphabet		Zahl	(groß nach klein)
Anästhesie	(ä nach a)	Zahnarzt	
Anblick		Zahnärzte	(ä nach a)
Azubi	(Kunstwort)	α-Strahlen	(griech. Buchstabe)
fallen		β-Strahlen	(griech. Buchstabe)
fällen	(ä nach a)	**III**	(röm. 3)
fallenlassen		IV	(röm. 4)
Hut		XI	(röm. 11)
Hüte	(ü nach u)	MCCL	(röm. 1250)
Hütte		1	(arabische Zahl)
in		99	(arabische Zahl)

Tab. 14: *Sortierung von Schriftzeichen nach DIN 5007*

5 Fertigstellung

Die Fertigstellung einer studentischen Arbeit umfasst den Abschluss aller praktischen Tätigkeiten, das Herstellen des ursprünglichen Zustandes von benutzten Geräten und Versuchseinrichtungen, die Rückgabe von überlassenen Materialien, Schlüsseln und Literatur sowie die Fertigstellung der Dokumentation zur Arbeit und in den meisten Fällen die Vorbereitung des Abschlussvortrages. Dieses Kapitel beschäftigt sich vor allem mit dem Schlusslektorat der Dokumentation, für das man etwa eine Woche veranschlagen sollte (vgl. Kap. 2).

Ist die Dokumentation fertig ausgearbeitet und am Bildschirm auf nachfolgend aufgeführte Fehlermöglichkeiten überprüft, fertigt man einen vorläufigen Ausdruck mit Illustration auf dem maßgebenden Drucker. Dieser Korrekturausdruck ist nötig, da man erfahrungsgemäß nie alle Fehler auf dem Bildschirm entdeckt. Trotzdem muss man eine effektive Fehlersuche schon am Monitor durchführen, um den Material- und Zeitbedarf für Probeausdrucke gering zu halten. Dieser endgültige Korrekturausdruck mit Illustration bietet sich auch für eine letzte Vorlage des Entwurfs beim betreuenden Institut an.

Die Fehler im Ausdruck werden am Rand vermerkt, am besten mit den Korrekturzeichen nach DIN 16511, von denen **Abb. 27** die wesentlichen Verwendungsregeln zusammenfasst. Diese Korrekturzeichen sind dann wichtig, wenn verschiedene Korrektoren tätig werden und sich mittels der Korrekturzeichen untereinander verständigen müssen. Bei studentischen Arbeiten sind die Korrekturregeln daher nicht unbedingt zwingend. International geregelt sind Korrekturzeichen in ISO 5776 zusammengestellt (vgl. Kap. 9.3).

Erst nach vollständiger Durchsicht werden alle Fehler am Rechner korrigiert und die Umsetzung auf dem Korrekturausdruck vermerkt. Bei der Durchführung der Korrekturen im Dokument muss man die Umgebung der Korrekturstellen besonders beobachten, um z. B. nicht unerwünschte Zeilen- oder Seitenumbrüche mit falschen Wortwiederholungen auf nachfolgenden Seiten oder eine versehentliche Verschiebung der Seitenzahlen zu erzeugen.

Grundsätzlich sollte ein Korrekturlesen nicht nur vom Verfasser, sondern auch von anderen Personen durchgeführt werden.

Die auftretenden Fehler lassen sich inhaltlich und formal klassifizieren. Um möglichst alle Fehler zu finden, sollte man die Arbeit in mehreren

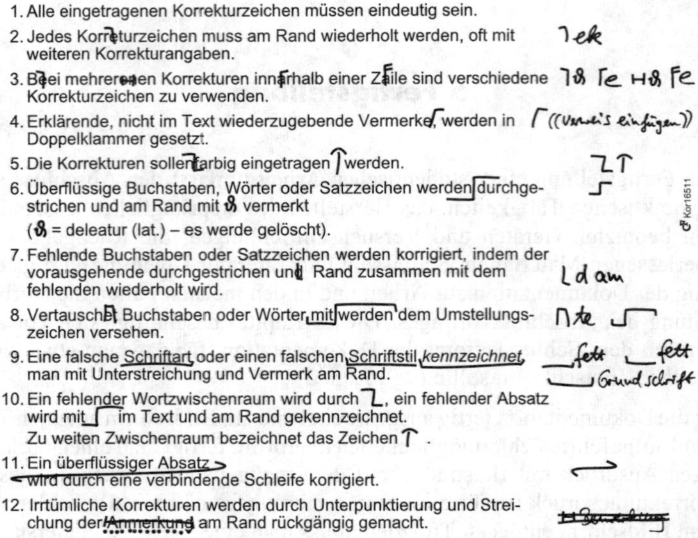

1. Alle eingetragenen Korrekturzeichen müssen eindeutig sein.
2. Jedes Korrekturzeichen muss am Rand wiederholt werden, oft mit *)ek*
   weiteren Korrekturangaben.
3. Bei mehreren Korrekturen innerhalb einer Zeile sind verschiedene *)& [e H& [e*
   Korrekturzeichen zu verwenden.
4. Erklärende, nicht im Text wiederzugebende Vermerke, werden in *[((Vermeis einfügen))*
   Doppelklammer gesetzt.
5. Die Korrekturen sollen farbig eingetragen werden. *⌐T*
6. Überflüssige Buchstaben, Wörter oder Satzzeichen werden durchge- *⌐*
   strichen und am Rand mit *&* vermerkt
   (*&* = deleatur (lat.) – es werde gelöscht).
7. Fehlende Buchstaben oder Satzzeichen werden korrigiert, indem der
   vorausgehende durchgestrichen und Rand zusammen mit dem *Ld am*
   fehlenden wiederholt wird.
8. Vertauschte Buchstaben oder Wörter mit werden dem Umstellungs- *n te ⌐*
   zeichen versehen.
9. Eine falsche Schriftart oder einen falschen Schriftstil kennzeichnet *fett fett*
   man mit Unterstreichung und Vermerk am Rand. *Grund schrift*
10. Ein fehlender Wortzwischenraum wird durch *⌐*, ein fehlender Absatz
    wird mit *[* im Text und am Rand gekennzeichnet.
    Zu weiten Zwischenraum bezeichnet das Zeichen *T* .
11. Ein überflüssiger Absatz *⌐*
    wird durch eine verbindende Schleife korrigiert.
12. Irrtümliche Korrekturen werden durch Unterpunktierung und Strei-
    chung der Anmerkung am Rand rückgängig gemacht.

© Kori6511

Abb. 27: *Wichtige Korrekturzeichen nach DIN 16 511*

Durchgängen auf ein bestimmtes Kriterium hin durchlesen, z. B. nur auf Richtigkeit der Zählungen oder nur auf Verständlichkeit der Formulierungen.

Tab. 15 fasst inhaltliche Kriterien für die Korrektur zusammen, **Tab. 16** enthält Hinweise zur Überprüfung auf formale Fehler („mechanical errors").

Bei der Verwendung von gesondert kopierten Seiten in der Dokumentation, z. B. Datenblätter von Geräten oder eingebundene DIN-A3-Seiten zum Ausklappen, muss man daran denken, die entsprechenden Kopien auf der gleichen Papiersorte anzufertigen, auf dem die Dokumentation ausgedruckt wird. Für die Anfertigung von hochwertigen Kopien haben sich neben Farbkopierern sog. Laserkopierer (schwarzweiß) etabliert, bei denen die Kontrast- und Helligkeitswerte digital eingestellt werden können.

Für das Binden sind die Anforderungen an die Bindung zu klären (Vorgabe des Betreuers bezüglich Farbe, Qualität). Oft wird vom betreuenden Institut ein Exemplar der Dokumentation in loser Bindung mit einem Klemmordner gefordert, damit einzelne Blätter zugänglich sind. Einfache Leimrücken sind in vielen Fällen nicht sehr dauerhaft. Für sich selbst sollte man am besten zwei Exemplare anfertigen.

War man mit der Betreuung während der Arbeit zufrieden, so ist es nie von Nachteil, wenn man sich nach Abschluss des Projekts bei den zuständigen Personen für die Unterstützung bedankt.

1. Sind alle Aspekte der Aufgabenstellung behandelt?
2. Sind Besonderheiten des Aufgabentyps berücksichtigt?
3. Ist der Ablauf des Projektes dargestellt?
4. Sind alle durchgeführten Untersuchungen ihrer Gewichtung entsprechend enthalten?
5. Sind alle Randbedingungen zu den Untersuchungen dargestellt?
6. Sind alle Untersuchungsergebnisse vorhanden, prägnant formuliert und in ihrer Bedeutung bewertet?
7. Sind nicht geklärte Fragen oder Schwierigkeiten enthalten?
8. Wird ein Ausblick auf zukünftige Untersuchungen unter Berücksichtigung der eigenen Ergebnisse gegeben?
9. Sind der Stand des Wissens und Vorarbeiten ausreichend einbezogen?
10. Ist die Gliederungsstruktur sinnvoll, sind Kapitelbezeichnungen treffend?
11. Sind alle Behauptungen richtig und belegt (z. B. mit Ergebnissen oder Quellen) oder als begründete Vermutung formuliert?
12. Enthält der Text Gedankensprünge? Können Textpassagen missverstanden werden?
13. Ist die Wortwahl verständlich?
14. Ist der Text ausreichend komprimiert und trotzdem flüssig lesbar?
15. Sind alle Quellenverweise richtig bzw. ausreichend Quellenverweise vorhanden?
16. Sind bei Bezugnahme auf Themenkreise anderer Kapitel Verweise vorhanden?
17. Sind Absätze im Text und Zeilenumbrüche in Aufzählungen nach Sinnschritten gesetzt?
18. Sind Doppelnennungen vermieden?
19. Ist die Illustration ausreichend? Wo fehlen Tabellen, Abbildungen, Diagramme?
20. Sind alle Abbildungen und Diagramme inhaltlich verständlich?
21. Sind alle Grafikelemente im Text verständlich beschrieben und interpretiert?
22. Sind Betrachtungen zur Genauigkeit von ermittelten Zahlenwerten enthalten?
23. Sind alle Formeldarstellungen mathematisch richtig?
24. Ist das Quellenverzeichnis thematisch vollständig?
25. Ist der Anhang der Dokumentation vollständig?

Tab. 15: *Kontrolle der Dokumentation auf inhaltliche Schwächen*

1. Sind die Vorgaben des betreuenden Instituts bezüglich des Lay-outs erfüllt?

2. Ist das Titelblatt vollständig? (Kap. 3.2.1)

3. Ist die eidesstattliche Erklärung vorhanden und unterschrieben, falls notwendig? (Kap. 3.2.1)

4. Sind orthographische Fehler korrigiert? (Kritische Fälle mit Duden nachprüfen, Zeichensetzung beachten, Funktionen der Textverarbeitung nutzen; Kap. 8.2.1)

5. Sind die Schreibregeln und Worttrennung nach Tab. 25, S. 118 erfüllt?

6. Sind alle Platzhalter (z. B. xxx, ???) im Dokument durch die richtige Angabe ersetzt? (Suchfunktionen der Textverarbeitung nutzen)

7. Ist eine Prüfung des Dokuments auf doppelte Leerzeichen, Satzzeichen ohne nachfolgende Leerzeichen und Satzzeichen mit vorausgehendem Leerzeichen im Text durchgeführt?

8. Sind die Konventionen des Seiten-Lay-outs erfüllt? (Kap. 4.1)

9. Sind Fehler in Schriftart und -größe für die einzelnen Textelemente korrigiert? (Kap. 4.1)

10. Entspricht das Inhaltsverzeichnis genau den Kapitelüberschriften und den aktuellen Seitenzahlen?

11. Sind alle Nummerierungen fehlerfrei (Kap. 4.3)?

12. Sind die Angaben in allen Kopfzeilen richtig?

13. Sind die Verzeichnisse der Tabellen und Abbildungen sowie das Verzeichnis der Abkürzungen und Formelzeichen vollständig? Sind die gewählten Formelzeichen eindeutig und einheitlich? (Kap. 3.2.3)

14. Sind alle alphabetischen Sortierungen richtig? (Kap. 4.5)

15. Sind alle Grafikelemente im Text mit Verweis erwähnt?

16. Sind alle Bezüge in Verweisen auf Grafikelemente, Kapitel und Quellenverzeichnis richtig?

17. Sind alle erstmaligen Verweise im Text auf Grafikelemente sowie alle Kennungen in Bildunterschriften halbfett ausgeführt?

18. Weisen alle Diagramme treffende Achsenbezeichnungen mit Angabe der physikalischen Einheiten auf? Sind bei Kurvenscharen alle Kurvenparameter bezeichnet?

19. Weisen alle Grafikelemente ein einheitliches Lay-out auf?

20. Ist ausreichend Zwischenraum um Grafikelemente im Text vorhanden? Sind Bildunterschriften vom Haupttext klar abgesetzt?

21. Sind alle Formeldarstellungen mathematisch eindeutig?

22. Sind Texte, Grafikelemente und relevante Daten auf Diskette(n) verfügbar? (Kap. 3.5.6)

Tab. 16: *Kontrolle der Dokumentation auf formale Fehler*

6 Präsentation

In den meisten Fachbereichen der Hochschulen und Fachhochschulen bildet eine kurze Präsentation in Form eines Vortrages den Abschluss der studentischen Arbeit. In diesem Vortrag stellt der Student seine durchgeführten Untersuchungen mit den wichtigsten Ergebnissen, die in der Dokumentation enthalten sind, in einem sog. Kolloquium vor. Vereinzelt findet man auch ein Zwischenkolloquium, das vor allem den Stand der Arbeit zur Hälfte der Bearbeitungszeit darstellen soll.

Bei der Präsentation einer technischen oder naturwissenschaftlichen Arbeit ist eine grafische Unterstützung der gesprochenen Ausführungen erforderlich, damit der Zuhörer die meist komplexen Zusammenhänge visuell nachvollziehen kann. Daher werden die Vorträge anhand geeigneten Projektionsmaterials gehalten. Aus Gründen der einfachen Vorbereitung und Handhabbarkeit sowie der fast überall vorhandenen Geräteausstattung hat sich die Verwendung von Overheadfolien gegenüber der Projektion von speziell angefertigten Dias durchgesetzt. Die nachfolgenden Hinweise beziehen sich deshalb immer auf eine Präsentation mit im Handel erhältlichen Projektionsfolien. Beim Kauf muss man besonders auf die Eignung der Folien zum Verarbeiten im Kopierer oder Drucker achten, da nicht alle Produkte ausreichend temperaturstabil sind oder eine bedruckbare Oberfläche aufweisen.

Zur Unterstützung des Vortrages können je nach Vortragsinhalt auch eine kurze Gerätevorführung (z. B. Rechnersimulation bei Softwareentwicklungen) oder das Zeigen von Anschauungsmaterial (z. B. untersuchte Pflanzen oder Proben, Bauteilmodelle) eingesetzt werden. Besonders Geräte- oder Computerdemonstrationen müssen jedoch in Ablauf und Zielsetzung genau vorbereitet sein (z. B. Bildschirmausschnitt und Datenmaterial im Rechner vorher abrufbereit konfigurieren).

6.1 Vorbereitung

Ein ansprechender Vortrag erfordet immer eine geeignete Vorbereitung unter Beachtung der inhaltlichen Ziele, der Struktur der Zuhörerschaft und der beim Vortragen angetroffenen Umgebung (Räumlichkeiten, Projektionsmöglichkeiten usw.). Daneben sollte ein Vortrag eine klar erkennbare Botschaft haben.

Das im Vortrag vorausgesetzte Wissen muss auf die Kenntnisse der Zuhörer abgestimmt werden. Bei studentischen Arbeiten sollten die Inhalte so dargestellt sein, dass Personen, die über Grundwissen aus dem Fachgebiet verfügen, ohne Kenntnis der Untersuchungen folgen können.

Zur Vorbereitung eines Vortrages geht man zunächst von der zur Verfügung stehenden Redezeit aus, i. Allg. 15 bis 25 Minuten bei studentischen Arbeiten. Bedenkt man, dass eine ausreichend informativ gestaltete Projektionsfolie etwa 1 bis 2 Minuten projiziert und erklärt werden sollte, ergibt sich die Anzahl der benötigten Folien, also ca. 8–14. Wird eine Folie zu kurz präsentiert, so wirkt der Vortrag gehetzt und schlecht strukturiert; die Zuhörer werden sich dann oft nicht die Mühe machen, den Ausführungen inhaltlich genau zu folgen.

Für die Vortragsgliederung gilt, dass die Titelfolie mit dem Titel der Aufgabenstellung, Name des Studierenden und Anfertigungszeitraum der Arbeit sowie evtl. der Auflistung der Vortragsgliederungspunkte als Einleitung dient. In den folgenden 25–30 % der Vortragsdauer, also etwa 2 bis 3 Folien, werden das Problemumfeld der Aufgabe und der eingeschlagene Lösungsweg vorgestellt und beschrieben. Hier bieten sich Struktogramme oder Flussdiagramme zur Veranschaulichung an, z. B. der Projektstrukturplan aus Kap. 2. Dabei sind nebensächliche Details, Herleitungen oder verworfene Lösungsvarianten wegen der Kürze der Zeit grundsätzlich nicht interessant.

Der dann anschließende Hauptteil des Vortrages (ca. 60–70 %, 4–7 Folien) widmet sich den wichtigen Ergebnissen der Arbeit. Hier muss man genau überlegen, welche grundsätzlichen Erkenntnisse die Arbeit geliefert hat, welche Bedeutung sie für die Zukunft haben und wie diese für den Zuhörer überzeugend dargestellt werden können. Dazu muss man sich verdeutlichen, welche Kernaussagen zu den zentralen Ergebnissen der einzelnen untersuchten Themenkreise gemacht werden müssen, und diese Themenkreise je einer getrennten Folie zuordnen. Den Abschluss des Vortrages bildet eine zusammenfassende Auflistung der Kernaussagen auf der Schlussfolie (1 Folie), damit die Gesamtaussage des Vortrages den Zuhörern durch eine kurze Wiederholung in Erinnerung bleibt. In die Schlussfolie kann auch ein kurzer Ausblick integriert oder daran angeschlossen werden, um Vorschläge zu machen, wie das in der Arbeit behandelte Problemfeld weiter bearbeitet werden sollte. Damit ist die Gliederung des Vortrages erstellt und der Inhalt jeder Folie festgelegt. Für die Erstellung der Vortragsgliederung sind die Kapitel der Dokumentation „Kurzfassung" sowie „Bewertung und Ausblick" (siehe Kap. 3.1) die beste Ausgangsbasis.

Um während des späteren Referierens auf die voranschreitende Vortragszeit flexibel reagieren zu können, muss man schon bei der Vortragsvorbereitung einen Zeitpuffer einbauen. Für eine evtl. spontane Kürzung des Vortrages sind die Inhalte der letzten Folie(n) vor der Schlussfolie so zu gestalten, dass diese Folie(n) im Bedarfsfall entfallen können. Um auch eine spontane Erweiterung vornehmen zu können, muss man eine sinnvolle Ergänzungsfolie ausarbeiten, die nur bei Bedarf gezeigt wird.

Im nächsten Schritt müssen die Folien den festgelegten Inhalten entsprechend ausgearbeitet werden. Dazu verwendet man maßgeblich das vorhandene Grafikmaterial aus der Dokumentation. Durch die oft nötige Reduzierung der Inhalte auf das Wesentliche beim Vortrag und die anderen Anforderungen an die Größe der Grafiken sind jedoch z. T. Anpassungen notwendig, die besonders bei Verarbeitung im Rechner leicht zu realisieren sind. Ein Beispiel gibt **Abb. 28,** die die für Projektionszwecke modifizierte Grafik von Abb. 15, S. 59 enthält.

Um alle Elemente auf einer Folie möglichst groß projizieren zu können, ist eine möglichst gute Ausnutzung der zur Verfügung stehenden Folienfläche DIN A4 selbstverständlich. Auf der Folienlängsseite muss allerdings ein Rand von etwa 2 cm auf jeder Seite bleiben, damit die Projektionsfläche des Overheadprojektors in jedem Fall ausreichend ist.

Auf Folien ist mindestens eine Schriftgröße von 14 Pt erforderlich, damit bei den üblichen Vergrößerungen und Lichtstärken der Projektoren alle Angaben auf der Folie gut lesbar sind. Aus diesem Grund sind sehr dünne Linien ungeeignet. Sie sollten mindestens 0,5 mm (ca. 1 Pt) Linien-

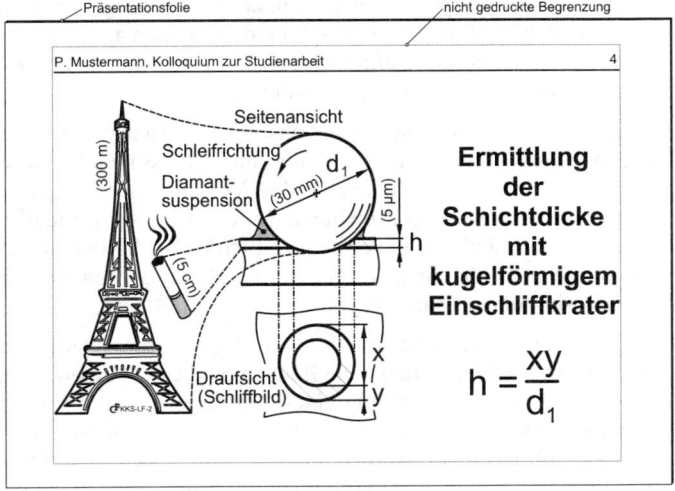

Abb. 28: *Geeignete Anpassung einer Abbildung für die Präsentation (vgl. Abb. 15, S. 59)*

stärke aufweisen, besser etwas mehr. Die Farben Gelb, Orange und Hellblau sind in der Projektion sehr hell und sollten daher für Flächenunterlegungen eingesetzt werden. Für Schrift und Linien sind vor allem Schwarz, Blau und Grün geeignet.

Jede Projektionsfolie erhält eine Themenüberschrift und meist nur ein Grafikelement (Foto, Skizze, Diagramm) sowie evtl. einige stichpunktartige Aussagen oder Auflistungen. Für die Gestaltung der Grafikelemente gelten die Hinweise in Kap. 4.2. Zur visuellen Strukturierung des Vortrages können einige einfache, wiederkehrende Symbole eingesetzt werden. Die Informationsmenge auf einer Folie wird so abgestimmt, dass die Zuhörer sie in ca. 15 Sekunden erstmals visuell erfassen und sie dann in ca. 1 bis 2 Minuten mit den Erläuterungen des Vortragenden inhaltlich verstehen und nachvollziehen können.

Für die im Vortragstext enthaltenen Erläuterungen gilt grundsätzlich, dass alles, was auf einer Folie zu sehen ist, auch beschrieben und erklärt werden muss. Bei Diagrammen wird immer zuerst vorgestellt, welche Größen auf den Diagrammachsen in welchen Einheiten dargestellt sind, bevor die funktionelle Abhängigkeit der aufgetragenen Größen beschrieben und in ihrer Bedeutung bewertet wird.

Der vorbereitete Foliensatz zum Vortrag muss wie die Dokumentation ein einheitliches Lay-out aufweisen, z. B. Querformat der Folien für große querformatige Abbildungen und eine Kopfzeile mit Thema des Vortrages. Ein einheitliches Lay-out betont den Zusammenhang zwischen den einzelnen Gliederungspunkten und erleichtert das Auflegen und Ausrichten der Folien beim Projizieren. Die Folien sollte man am Rand (ggf. manuell) durchnummerieren, damit sie z. B. beim versehentlichen Herunterfallen wieder leicht sortiert werden können.

Während des Vortrages sollte man möglichst nicht zwischen bereits präsentierten und neuen Folien springen; ist dies nötig, muss man überlegen, ob eine Überarbeitung der Gliederung des Vortrages angebracht ist. Auch ist es nicht ratsam, beim Projizieren Teile der Folien abzudecken, da dieses für manche Zuhörer bevormundend wirkt. Oft helfen hier sog. Stapelfolien, die man übereinander gelegt projizieren und so Entwicklungsprozesse simulieren kann.

Liegt der gut strukturierte Foliensatz zum Vortrag vor, muss der rhetorische Vortragstext überlegt werden. Die Bedeutung dieses Vorbereitungsschrittes wird i. Allg. für den Erfolg eines Vortrages unterschätzt. Hier überlegt man im Detail, was zu jeder Folie in welchem Umfang und in welcher Reihenfolge erläutert werden muss, und prägt sich diese Punkte sicher ein. Je nach sprachlicher Gewandtheit überlegt man auch die optimale Formulierungsweise, besonders wichtig bei Vorträgen in einer Fremdsprache. So sind z. B. bei englischsprachigen Vorträgen sog. „Zäsurwörter" üblich: well, so, now, o.k., all right, so far, right now, here we are usw.

Entscheidend für den Redefluss ist auch eine sinnvolle Überleitung zur nächsten Folie, um die Wechselpause zu überbrücken und die Vortragsfolge zu motivieren. Ist der Vortragende in dieser Weise ausreichend vorbereitet, weiß er beim Anblick der jeweiligen Folie genau, was alles dazu zu sagen ist und welche Folie nachfolgt. Dies bringt die notwendige Sicherheit beim Auftreten vor den Zuhörern.

Zum handwerklichen Teil eines Vortrages gehört auch die richtige Handhabung der Vortragsmaterialien, um sie beim Referieren schnell auflegen zu können. Eine einfache Möglichkeit ist die lose, sortierte Ablage der Folien mit leeren Zwischenblättern in einem Hefter oder schmalen Ordner vor dem Vortrag. Nach dem Projizieren legt man die Folien auf einem neuen Stapel mit der Vorderseite nach unten ab. Beim Vortrag muss man für mögliche, spontan geforderte Erklärungen, z. B. bei der anschließenden Diskussion, immer eine unbeschriftete Folie und Folienstifte bereithalten.

Wenn man noch keine ausreichende Vortragserfahrung hat, ist ein Probevortrag (vor dem Betreuer, Freunden oder Bekannten) als Generalprobe mit Zeitkontrolle sehr hilfreich, um letzte Sicherheit zu gewinnen, noch bestehende Unklarheiten auszuräumen, den Zeitbedarf zu kontrollieren und Fehler in der Vortragsweise zu korrigieren.

Den Abschluss der Vortragsvorbereitung bildet die Besichtigung des leeren Vortragsraumes rechtzeitig vor dem Vortrag, bei der man die endgültigen Folien probeweise projiziert und auf Erkennbarkeit in der hintersten Reihe prüft, die akustische Auslegung und die Charakteristik einer zu verwendenden Mikrofonanlage testet sowie auf Stufen oder frei liegende Kabel in der Umgebung des Rednerplatzes achtet. Weitere Punkte sind die richtige Folienausrichtung, die Größe der Ablageflächen um den Projektor für die eigenen Materialien, die Bedienung des Projektors, die Verfügbarkeit einer Ersatzlampe, die Lage der Steckdosen für weitere verwendete Geräte (z. B. LCD-Aufsatzbildschirm für Overheadprojektoren und Rechner), notwendige Verlängerungsleitungen, die Art der Verdunkelung und das Vorhandensein eines Zeigestabes.

Eine gute Vorbereitung stellt auch das aufmerksame Zuhören bei Vorträgen zu vorausgehenden studentischen Arbeiten dar, da man dabei Anregungen für den eigenen Vortrag gewinnt und das jeweilige Umfeld kennen lernt.

Mit diesen (in **Tab. 17** zusammengefassten) Hinweisen ist man für einen Vortrag so gerüstet, dass ein sicheres Auftreten des Vortragenden ohne sichtbare Nervosität gut möglich ist.

1. **Vortragszeit ergibt Zahl der Folien**
   - 8–14 Folien bei 15–25 Minuten Vortragszeit je nach Thematik

2. **Aufteilung der Vortragsinhalte auf einzelne Folien**
   - 30 % Titelfolie, Problemfeld, Lösungsweg
   - 70 % Ergebnispräsentation, -bewertung sowie Schlussfolie (dazu Kurzfassung oder/und Zusammenfassung der Dokumentation verwenden)
   - Zeitpuffer einbauen (wegzulassende Folie(n) und Ergänzungsfolie)

3. **Folien ausarbeiten, dabei beachten**
   - Schriftgröße mind. 14 Pt, Linienstärke mind. 0,5 mm, kein Text gelb oder orange
   - ausreichende Seitenränder auf Folien
   - einheitliches Lay-out (z. B. Kopfzeile ähnlich der Dokumentation)
   - auf jeder Folie Themenüberschrift
   - möglichst nur 1, evtl. 2 Fotos/Diagramme/Skizzen formatfüllend auf einer Folie
   - Grafikelemente der Dokumentation verwenden und anpassen
   - Gestaltung der Grafikelemente nach Kap. 4.2
   - Informationsdichte so, dass Folie in ca. 2 Minuten erfassbar und nachvollziehbar ist
   - Folien nummerieren

4. **Vortragstext ausarbeiten, dabei beachten**
   - alle dargestellten Elemente auf einer Folie beschreiben und erklären
   - bei Diagrammen Größen und Einheiten der Achsen mit Funktionsverlauf beschreiben, anschließend bewerten
   - vorzutragende Aussagen genau überlegen und folienbezogen einprägen
   - Formulierungsweise überlegen und folienbezogen einprägen
   - Überleitung zur nächsten Folie überlegen und folienbezogen einprägen

5. **Vortragsgerechte Handhabung der Vortragsmaterialien**
   - Foliensatz sortiert mit Zwischenblatt lose ablegen
   - leere Folie, Folienstifte und Zeigegerät (evtl. Stift) bereithalten

6. **Probevortrag**
   - alle Vortragsmaterialien verwenden (Folien, Vorführgeräte, Anschauungsmaterial)
   - auf Rhetorik und Vortragsweise achten
   - Zeitbedarf kontrollieren
   - Fehler in der Vortragsweise korrigieren

7. **Vortragsraum vor Präsentation besichtigen**
   - Projektorbedienung, Folienausrichtung, Ablageflächen, Ersatzlampe
   - Erkennbarkeit der Projektion aus der Entfernung
   - Mikrofoncharakteristik prüfen
   - mit Räumlichkeit vertraut machen
   - Vorführgeräte im Vortragsraum testen

Tab. 17: *Ablauf der Vorbereitung einer Präsentation*

6.2 Vortragsweise

Eine ausreichende Vortragsvorbereitung, wie im vorangegangenen Abschnitt dargestellt, ist die Grundlage für ein freundliches, sicheres, aber nicht formell überbetontes Auftreten des Vortragenden ohne sichtbare Nervosität und unkontrollierte Gestik oder Bewegungen. Das Ziel einer ausgereiften Vortragsweise ist, den Zuhörern die klar definierten Vortragsinhalte als ein „persönliches Anliegen" lebendig und damit überzeugend zu vermitteln.

Oft wird der Vortragende vom Veranstalter (hier: Betreuer) vor Beginn seiner Rede vorgestellt und zum Vortrag aufgefordert. In diesem Fall ist es üblich, dass sich der Vortragende vor seinem Redebeginn für die vorausgegangenen einführenden Worte bedankt, bevor er seine Zuhörer kurz begrüßt und sich vorstellt, falls dies nicht schon geschehen ist.

Gerade für den Vortragsbeginn ist das Vertrautsein mit dem eigenen Vortrag und der Vortragsumgebung für den Redner entscheidend. Nach dem ruhigen Platzieren aller Vortragsunterlagen und der unauffälligen Zeitnahme legt man die Titelfolie auf, kontrolliert die Ausrichtung und beginnt mit den Ausführungen. Besonders bei kleinen Räumen muss man darauf achten, dass alle Zuhörer den Redner und die projizierten Grafiken sehen können. Man sollte auch bedenken, dass oft der erste Eindruck für die Zuhörer der wichtigste ist. Daher müssen das persönliche Erscheinungsbild und die klar verständlich vorgetragenen Inhalte gleich zu Beginn überzeugen.

Die vorgetragenen Sätze müssen frei gesprochen sein; sie dürfen nicht abgelesen werden, da dann die Dynamik des Vortrages weitgehend ausgeschaltet und ein aktiver Blickkontakt mit den Zuhörern während des Vortrages nicht möglich ist. Beim Vortrag sollte man nicht zu schnell, aber auch nicht stockend, dagegen mit Betonung, akzentuiert sowie bewusst etwas lauter als normalerweise sprechen und die Lautstärke während des Vortragens kontrollieren, damit die Aussagen auch noch am Schluss in der letzten Reihe ausreichend gut zu verstehen sind. Vor neuen Gedankengängen ist oft eine Zäsur von 2 bis 3 Sekunden für die Zuhörer wichtig.

Der Satzbau der Rede sollte übersichtlich sein, da lange und verschachtelte Sätze für die Zuhörer sehr anstrengend sind. Übliche Fachbegriffe müssen treffend verwendet werden. Die Rede sollte sich auf das Thema konzentrieren und sich nicht mit nebensächlichen Exkursen beschäftigen.

Sehr gefährlich ist es für den Erfolg der Rede, während des Vortrages vom Konzept der durchdachten Vorbereitung abzuweichen. Weiter sollte der Zeitbedarf für die Präsentation der einzelnen Folien durch die Vorbe-

1. Gute Vorbereitung gibt Sicherheit

2. Freundliches, sicheres, nicht formell überbetontes Auftreten, sichtbare Nervosität und unkontrollierte Bewegungen oder Gestik vermeiden

3. Vor Redebeginn ruhiges Platzieren aller Präsentationsunterlagen, Zeitnahme

4. Überzeugender, klar verständlicher Vortragsstil, Zuhörer muss Vortragsanliegen erkennen (Eindruck zu Beginn ist oft entscheidend)

5. Freie Rede; betont, akzentuiert, mit angemessenen Zäsuren laut und deutlich sprechen ohne Pausen oder Hetze, Blickkontakt mit Zuhörern aufbauen

6. Vortragskonzept der Vorbereitung nicht spontan aufgeben, gegen Ende benötigte Zeit kontrollieren, Zeitpuffer nutzen

7. Ende des Vortrages bildet Zusammenfassung und evtl. Ausblick

8. Diskussion im Anschluss an den Vortrag als konstruktiv ansehen, offene Problemfelder zugeben und gewählte Vorgehensweise begründen

Tab. 18: *Kriterien für die Vortragsweise*

reitung so bekannt sein, dass man in seinen Ausführungen nicht gehetzt ist. Für gleichwohl immer wieder durch die besondere Atmosphäre der Vortragssituation eintretende zeitliche Abweichungen gibt es den Zeitpuffer. Den Abschluss des Fachvortrages bildet die Schlussfolie mit der Zusammenfassung der wesentlichen Inhalte und evtl. der Ausblick auf die Zukunft.

Daran schließt sich i. Allg. eine Diskussion mit den Zuhörern an, bei der sie für sie offene Fragen oder fachliche Anmerkungen einbringen. Bei dieser Diskussion sollte man sich als der fachkompetente Ansprechpartner, der gerne zusätzliche Auskünfte gibt, und nicht als ein infrage gestellter Prüfling verstehen. Darüber hinaus ist es bei allen wissenschaftlichen Arbeiten unvermeidlich, dass nicht alle einfließenden Aspekte mit der gleichen Ausführlichkeit bearbeitet werden können, besonders bei dem engen Zeitrahmen von studentischen Arbeiten. Deshalb verweist man bei Nachfragen zu nicht behandelten Fragestellungen oder nur am Rande beleuchteter Problemfelder darauf, dass hier weitere Untersuchungen angebracht sind oder dass bewusst eine vereinfachte Behandlung der jeweiligen Fragestellung vorgenommen wurde.

Tab. 18 fasst die wichtigsten Kriterien zur Vortragsweise zusammen.

7 Hinweise zu speziellen Aufgabentypen

7.1 Theoretische Arbeiten

In den Natur- und Ingenieurwissenschaften beschäftigen sich theoretische Arbeiten oft mit Literaturrecherchen, der mathematischen Modellbildung, der Erstellung von Berechnungen zu theoretischen, beobachteten oder gemessenen Sachverhalten, der statistischen Analyse mit Trendrechnungen oder der Auswertung von vorliegendem Untersuchungs- oder Datenmaterial.

Für die Studenten sind sog. „Rechnerarbeiten" eine gute Möglichkeit, sich mit dem heute wichtigen EDV-Einsatz anhand eines Praxisbeispiels vertraut zu machen. Allerdings muss man Freude am theoretischen Arbeiten (und oft auch eine gewisse Ausdauer) mitbringen.

Für sehr viele Aufgaben gibt es eine ständig wachsende Zahl kommerzieller und über lange Zeit weiterentwickelter Softwarelösungen, immer häufiger mit einer integrierten Programmierung durch den Anwender (sog. Makros). Daher beschäftigen sich theoretische Arbeiten immer mehr mit der Erarbeitung von EDV-gestützten Problemlösungen durch den Einsatz bestehender umfangreicher Software statt mit der Erstellung eigener (relativ kleiner) Programme.

In der Praxis besteht jedoch häufig die Notwendigkeit für eine Anpassungsprogrammierung zum Datenaustausch oder zur gezielten Formatierung bzw. Bearbeitung von vorliegenden Daten aus Messungen oder Berechnungen. Daher sollte man beim Programmieren des Speicherformats von Datenstrukturen am besten auf Standarddateiformate zurückgreifen (z. B. bei Tabellenstrukturen auf ASCII-Files mit Trennzeichen oder auf das Format von Microsoft Excel, bei Grafiken auf Metafiles oder TIFF-Bitmaps). Dann ist die Software auch über längere Zeit universell einsetzbar.

Bei einer Programmierarbeit ist wichtig, dass vom bearbeitenden Studenten eine übersichtliche Programmiertechnik mit nachvollziehbarer Programmstruktur und möglichst vielen Kommentaren im Quelltext des Programmes angewendet wird, da nur dann nach Abschluss der Arbeit das Programm für andere Personen erschließbar ist. Einzelne Routinen müssen jeweils einen Textkopf mit Angaben zu Funktion, Erstelldatum, Bearbeiter, Dateiname usw. enthalten.

Zu Beginn muss die Hardwareplattform (Kompatibilität) und der angestrebte Programmkomfort genau definiert werden. Auch muss man heute genau prüfen, ob nicht schon Software existiert, die das Problem löst (meist komfortabler, als man das je selbst realisieren kann).

Die Quelltexte der bekannten Programmiersprachen kann man durch Kommentare, einen Befehl pro Zeile, ausreichende Leerzeichen und Einrückungen sowie Groß- und Kleinschreibung für bestimmte Schlüsselwörter bzw. farbliche Unterlegungen sehr übersichtlich gestalten. Bei selbst erstellten Programmen ist ein ausführliches Testen auf Fehler unumgänglich, das am Schluss der Arbeit unbedingt eingeplant werden sollte. Hier muss man auch eine ungewöhnliche Programmbedienung, z.B. durch unkundige Benutzer, einkalkulieren.

Die Beschreibung der erstellten Software in der Dokumentation muss die Gesamtfunktion, die Programmstruktur und -hierarchie sowie die Aufgaben einzelner Routinen mit geeigneten Struktogrammen und Flussdiagrammen darstellen. Benutzte fremde Programmteile erfordern eine Quellenangabe. Anhand der Programmbeschreibung muss ein Leser das Programm in Betrieb nehmen, bedienen, auftretende Fehlermeldungen handhaben und im Programm Änderungen vornehmen können. Für die Beschreibung der Programmbedienung bietet sich in der Dokumentation die Verwendung von Bildschirmabbildungen (Captures, Screenshots) entsprechend **Abb. 29** an, für deren Herstellung entsprechende Software existiert (vgl. Kap. 8.1, Kap. 9.2).

Ein anderes Feld theoretischer Arbeiten sind Literaturrecherchen. Dabei gilt es, verlässlich festzustellen, welche Hinweise, Kenntnisse und Angaben in der Fachliteratur zu einem gewissen Thema existieren. Für die Ermittlung des allgemeinen Wissensstandes als Basis weiterführender Untersuchungen oder zur Einarbeitung in ein neues Themengebiet sind sie unerlässlich. Durch immer komplexere Technologien und eine Flut von neuen Veröffentlichungen in jedem Jahr gewinnen Literaturrecherchen an Bedeutung, abzulesen z. B. an der steigenden Zahl von Datenbankdiensten, die zunehmend auch über Computernetze online genutzt werden können.

Der ermittelnde Student gewinnt hierbei ein relativ großes Fachwissen zum bearbeiteten Thema und lernt nebenbei das Bibliothekswesen kennen. Das Aufspüren von relevanten Literaturstellen ist i. Allg. kein Problem, da in der Fachliteratur immer Referenzen angegeben sind, die wiederum Verweise enthalten und auch zu vielen Themenbereichen umfangreiche Informationsdatenbanken existieren. Bibliotheken können hier weiterhelfen (vgl. auch Kap. 9.2).

Die Dokumentation zu einer Literaturrecherche sollte neben einer prägnanten Zusammenfassung und Bewertung der recherchierten Informatio-

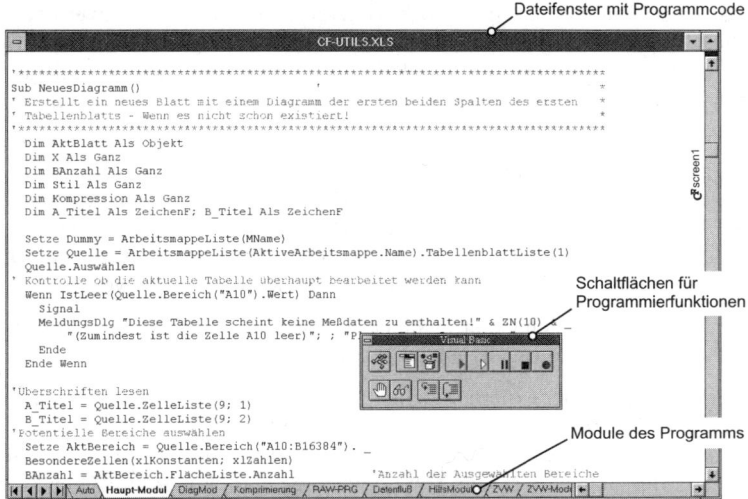

Abb. 29: *Beispiel einer Bildschirmabbildung zum Zweck der Software-erläuterung*

nen mit ausreichender Zahl an Verweisen auch Angaben zur existieren-den Literaturmenge, Besonderheiten bei der Suche, Angabe von Archiv-nummern der genutzten Bibliotheken und eine Kurzbeschreibung der ge-sichteten Quellen (evtl. mit Stichwörtern zum Inhalt) enthalten. Hier bieten sich tabellarische Auflistungen und eine datenbankähnliche Ver-waltung der Daten im Rechner besonders an. Wegen der großen Daten-mengen ist eine gute Datenverwaltung und Organisation grundlegend.

7.2 Experimentelle Arbeiten

Experimentelle wissenschaftliche Arbeiten bestehen meist aus der Pla-nung, Durchführung und Auswertung von Experimenten oder Messun-gen. Damit sind dann auch immer Fragestellungen zur Messtechnik und Sensorik, zu Versuchsparametern, zur Messdatenverarbeitung und zu re-levanten Auswertungsmethoden sowie Fehlerbetrachtungen verknüpft. Beim rechnergestützten Arbeiten kommen Aspekte der Digitaltechnik, Numerik und Softwarehandhabung hinzu.

Messfehler können grundsätzlich durch alle Glieder der Messkette be-gründet sein (Streuung im Messobjekt; Übertragungsverhalten des Mess-geräts sowie Kalibrierung; Ablesefehler; Fehlerfortpflanzung und mathematische Konditionierung bei der weiteren rechnerischen Auswertung). Diese Aspekte sollten auch in der Dokumentation dargestellt und bewertet oder zumindest erwähnt werden. Die verwendeten Geräte, Anlagen sowie spezielle Soft- und Hardware der Untersuchungen müssen aus der Dokumentation ersichtlich sein.

Da man bei experimentellen Arbeiten häufig auf viele technische Geräte angewiesen ist, kommt es immer wieder zu Zeitverzögerungen durch den Ausfall oder die mangelnde Verfügbarkeit einzelner Komponenten. Diese mögliche Gefahr muss bei der Auswahl eines experimentellen Themas berücksichtigt und durch das Projektmanagement minimiert werden.

Demgegenüber bieten experimentelle Arbeiten einen erfahrbaren Praxisbezug, oft eine gute Ergänzung zu den theoretischen Studieninhalten.

Vor dem Beginn der experimentellen Arbeiten sollte man sich die Erlaubnis zur Benutzung der Geräte von allen verantwortlichen Personen (Betreuer, Werkstattmeister) einholen und sich einweisen lassen, um nicht andere Messungen zu stören. Um notwendige Korrekturen im Versuchsprogramm rechtzeitig vornehmen zu können, müssen alle Messergebnisse unmittelbar nach Versuchsdurchführung ausgewertet und beurteilt werden. Dies gilt besonders für die ersten Versuche. Auch sollte man vor jedem Versuch sicherstellen, dass alle Messgeräte richtig kalibriert sind. Schließlich ist eine ausreichende Arbeitssicherheit dringend geboten, vor allem im eigenen Interesse.

7.3 Konstruktive Arbeiten

Im Maschinenbau gehört die Entwicklung von mechanischen Konstruktionen in mindestens einer studentischen Arbeit zu den wesentlichen Aufgaben im Studium. Aber auch in der Elektrotechnik und den Naturwissenschaften sind immer wieder Arbeiten anzutreffen, die sich mit dem Entwicklungsprozess von Software- und Hardwareprodukten beschäftigen. Hier ist die richtige Reihenfolge der notwendigen Bearbeitungsschritte entscheidend (vgl. z. B. [37]). Das grundsätzliche Vorgehen enthält **Tab. 19.** Der Entwicklungsprozess ist eng mit dem Projektmanagement verknüpft (vgl. Kap. 2, z. B. Festlegung des sinnvollen Lösungswegs).

Zunächst sind die Anforderungen an die zukünftige Konstruktion zu klären. Daraus ergibt sich ein Anforderungskatalog bezüglich Funktion, Sicherheit, Gebrauchsdauer, Kompatibilität mit anderen Anlagen, Möglichkeiten der Erweiterbarkeit, Widerstand gegenüber Einflüssen aus der Einsatzumgebung, Bedienungsfreundlichkeit und Handhabung, Umweltver-

1. **Anforderungskatalog definieren**
   (Ziele, Funktion)

2. **Randbedingungen klären**
   (Ressourcen, Zeit, Kosten, Sicherheit, Rechte usw.)

3. **Lösungsfindung**
   (Produktrecherche, Brainstorming, morphologische Analyse, Ausarbeiten von Lösungswegen, Entscheidungssystematik zur Lösungsauswahl)

4. **Konstruktionsprozess**
   (Realisierung, Funktion gewährleisten, Randbedingungen erfüllen)

5. **Herstellungsunterlagen**
   (Bereitstellung von Zeichnungen, Daten, Anweisungen)

Tab. 19: *Grundsätzliche Vorgehensweise bei der Entwicklung von Produkten*

träglichkeit, Recyclingfähigkeit, juristischer und gesellschaftlicher Akzeptanz, Design und Fehlerempfindlichkeit bzw. Störverhalten bei Konstruktionen mit Regelkreisen und Messprozeduren.

Problemfelder, die bei einer Realisierung der formulierten Anforderungen auftreten können, müssen besonders erkannt und beachtet werden.

Daneben müssen die Randbedingungen für die Konstruktion definiert werden, z. B. zur Verfügung stehende Fertigungsmöglichkeiten, verfügbare Werkstoffe, lieferbare Halbzeuge und Bauelemente, maximaler Kostenrahmen für Konstruktion und Folgekosten, maximal möglicher Zeitbedarf bis zum Einsatzzeitpunkt, gesetzliche Rahmenbedingungen usw.

Für die Lösungsfindung sollte man schon bestehende Lösungen und Technologien zurate ziehen und auswerten (Literatur- oder Informationsrecherche, z. B. Suche nach existierenden vergleichbaren Produkten, Sichten von Veröffentlichungen auf dem jeweiligen Gebiet, Nutzung der Informationsstellen des deutschen Patentamtes oder Recherche über Datenbanken und/oder Internet).

Bei der anschließenden „morphologischen Analyse" oder einem „Brainstorming" (vgl. Kap. 9.1) handelt es sich um die wichtige Aufgabe des Konstrukteurs, mögliche Lösungsvarianten für die neue Konstruktion systematisch unter Nutzung aller Kenntnisse (z. B. aller sinnvollen physikalischen Wirkprinzipien) aufzuspüren, alle Varianten zu prüfen und unter den gegebenen Randbedingungen die beste Variante auszuwählen. Die prinzipiell möglichen Lösungsvarianten müssen in der Dokumentation kurz erwähnt, diskutiert und bewertet werden (z. B. tabellarisch), aber nur die verfolgte Lösung ist ausführlich darzustellen.

Bei der Auslegung einer Konstruktion müssen immer auch eine potentielle Fehlbedienung oder Überlast im Betrieb sowie ggf. Aspekte der Arbeitssicherheit bzw. Unfallvermeidung berücksichtigt werden.

Ein weiteres Ziel beim Konstruktionsprozess muss es sein, möglichst wenige verschiedene und preiswerte Werkstoffe sowie Halbzeuge für die Fertigung auszuwählen, da nur so die Kosten für die Beschaffung, Lagerhaltung und Arbeitsvorbereitung niedrig gehalten werden können. Daneben ist die Teilevielfalt durch Integralkonstruktionen und Vereinheitlichung von Komponenten zu begrenzen. Wenn die Wirtschaftlichkeit nicht dagegen spricht, ist der Einsatz von Zukaufteilen vorteilhaft, z. B. Maschinenkomponenten im Maschinenbau, fertige Schaltungen in der Elektrotechnik oder auch verfügbare Software für Steuerungszwecke. Besonders DIN- und Zukaufteile sollten möglichst vereinheitlicht werden (z. B. gleiche Schraubendurchmesser und -längen).

Auch sind die festzulegenden Fertigungstoleranzen so groß wie möglich auszuwählen, denn genaue Passungen steigern den Fertigungsaufwand und damit die Kosten erheblich. Die Toleranzangaben für Abmessungen können direkt mit Abmaßen oder mit entschlüsselten IT-Qualitäten nach DIN 7151 angegeben werden. Bei der Auswahl der zulässigen Toleranzen muss man ausschließen, dass diese sich über mehrere Bauteilpaarungen hinweg ungünstig überlagern können. Dementsprechend ist auch die Bemaßung in den Zeichnungen an der richtigen Stelle eindeutig anzugeben (fertigungsgerecht, keine Doppelbemaßung). Generell sollten analoge Maße in der gleichen Ansicht der Zeichnung eingetragen werden (z. B. alle Bohrungsdurchmesser im Schnitt und alle Positionen der Bohrungen in der Draufsicht).

Die konstruktiv festzulegenden Abmessungen von mechanischen Komponenten sollten so gewählt werden, dass für die Teilefertigung handelsübliche Halbzeuge inklusive evtl. nötiger Schlichtoperationen zur Erzeugung einer definierten Oberfläche eingesetzt werden können (ggf. Einkaufsliste für benötigte Halbzeuge zusammenstellen).

Heute sind die Kostenaspekte bei der Entwicklung neuer Konstruktionen neben der Funktion der wichtigste Faktor, und es ist bekannt, dass die Kosten für eine Konstruktion weitgehend vom Konstrukteur bestimmt werden. Daher ist zumindest eine Vorkalkulation der Materialkosten für eine Konstruktion eine interessante Information in einer studentischen Arbeit.

Bei Maschinenkonstruktionen oder bei der Entwicklung von elektronischen Schaltungen sind Bedienungs- und Wartungshinweise sowie Hinweise zur Fehlersuche und -behebung bei Ausfall der Konstruktion nötig. Falls eine Kalibrierung oder Justierung der Konstruktion notwendig ist, muss auch eine Kalibrier- bzw. Justieranweisung vorliegen. In der Praxis sind diese Erläuterungen für die Haftung des Herstellers bei einem Schaden, der mit seinem Produkt verbunden ist, entscheidend.

Das Ergebnis des Konstruktionsprozesses wird heute in Zeichnungen auf Datenträgern und ausgegeben auf Papier festgehalten. Wenn möglich, sollte man im Rahmen einer konstruktiven Arbeit unbedingt erste CAD-Erfahrungen sammeln, indem die Konstruktion mit einer CAD- oder wenigstens einer geeigneten Grafiksoftware am PC oder an der Workstation durchgeführt wird. In einigen Punkten unterscheidet sich die Arbeitsweise am Rechner von der am Zeichenbrett (z. B. Kopieren, Editieren und Modifizieren statt Neuzeichnen, Nutzung von Teilebibliotheken, Einsatz einer automatischen Teileverwaltung, z. B. für Stücklistenerstellung). Das Kap. 8 enthält hierzu weitere Hinweise.

Für eine vollständige Weitergabe der Information sind Zusammenbau- und Einzelteilzeichnungen notwendig. In den Einzelteilzeichnungen müssen Fertigungstoleranzen, Fertigungsbesonderheiten (z. B. Schutz vor statischer Aufladung bei der Herstellung elektronischer Komponenten), eine ungewöhnliche Fertigungsreihenfolge (z. B. gemeinsames Bohren von gepassten Teilen) und der gewählte Werkstoff mit Angabe des Stoffzustandes (z. B. vergütet 58 HRC) eingetragen werden. Damit das dargestellte Teil in der Werkstatt leicht zu erkennen ist, sollte man auf einer Einzelteilzeichnung genau ein Bauteil mit allen benötigten Angaben platzieren. Werden zur Fertigung ungewöhnliche Werkzeuge benötigt, so kann man diese auf einer gesonderten Werkzeugliste festhalten (z. B. Radienfräser).

Bei konstruktiven Arbeiten sind oft großformatige Zeichnungen unumgänglich. **Abb. 30** zeigt Möglichkeiten der Faltung auf das Format DIN A4 zum Einbinden in die Dokumentation in Anlehnung an DIN 824.

Dazu kommt eine vollständige Stückliste mit allen Teilen (Fertigungsteile, DIN-Teile, Zukaufteile) und Angabe der Größtmaße für den Rohteilzuschnitt. Falls erforderlich, sollte auch eine Montageanleitung mit der Montagereihenfolge und evtl. Abstimmarbeiten bei der Montage nicht fehlen. Bei bewegten, schweren oder gewichtslimitierten Konstruktionen ist eine Abschätzung des voraussichtlichen Fertiggewichts wichtig.

Da eine konstruktive studentische Arbeit dazu dient, die vorgenannten Aspekte kennen zu lernen und zu berücksichtigen, sollte eine Dokumentation zu einer solchen Arbeit auch Hinweise zu diesen Aspekten enthalten. Hier muss mit dem Betreuer genau geklärt werden, welche Teile in der Dokumentation gefordert sind. Dies alles zeigt, dass der Entwicklungsprozess äußerst komplex ist, wenn man alle Folgewirkungen einbezieht.

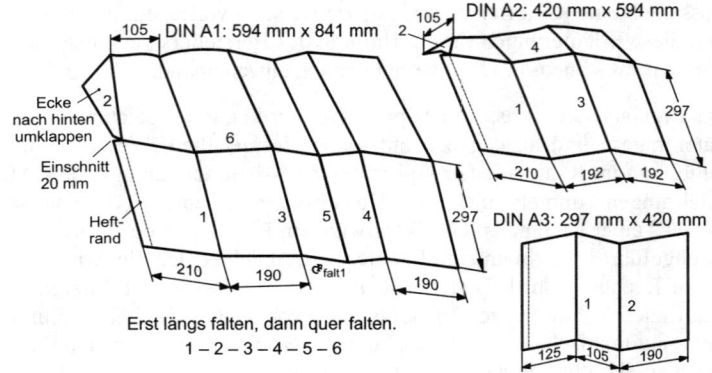

Abb. 30: *Faltung von Papierformaten auf DIN A4 nach [6, 16]*

Bei der Fertigstellung der Arbeit sollte man zusätzlich zu den Hinweisen aus Kap. 5 den Zeichnungssatz genau kontrollieren auf Vollständigkeit aller Komponenten, Vollständigkeit aller Angaben in den Zeichnungen, Richtigkeit der angegebenen Maße und Anmerkungen sowie der Toleranzen und der Werkstoffangaben. Weitere Kontrollpunkte sind die Eindeutigkeit der fertigungsgerechten Bemaßung, die konsequente Vereinheitlichung der Komponenten und Normteile und auch die problemlose Montierbarkeit.

Als Testfrage zur Vollständigkeit einer konstruktiven Arbeit kann man formulieren:

Kann die funktionsfähige und ökonomische Konstruktion mit den Unterlagen der Arbeit problemlos gefertigt, montiert, legal in Betrieb genommen, über ausreichend lange Zeit sicher betrieben und schließlich nach ihrer Einsatzzeit umweltverträglich entsorgt oder recycelt werden?

7.4 Arbeiten zu zweit

Gelegentlich wird eine studentische Arbeit von zwei bearbeitenden Verfassern gemeinsam erstellt. Damit diese als Studienleistung anerkannt werden kann, muss der Beitrag jedes Einzelnen klar abgegrenzt und in der Dokumentation erkennbar sein. Dies erfordert schon im Vorfeld eine möglichst sinnvolle Abstimmung mit dem Betreuer.

Hier eignet sich nicht jede Themenstellung gleichermaßen. Vielmehr ist es notwendig, dass der Projektstrukturplan (Kap. 2) umfangreiche und stark verknüpfte Teilschritte enthält, die parallel bearbeitet werden können und die sich später zu einem einheitlichen Gesamtbild zusammenfügen müssen. Nur dann ist eine gemeinsame Arbeit sinnvoll. Dies ist z. B. bei umfangreichen Experimenten der Fall, die für einen einzelnen Studierenden den Umfang einer studentischen Arbeit übersteigen, jedoch für eine Auswertung komplett vorliegen müssen.

Ist dies nicht der Fall, ist es besser, zwei eigenständige Arbeiten mit verwandtem Thema beim gleichen Betreuer zu erstellen. Soll z. B. ein Problem experimentell mit Versuchen und gleichzeitig theoretisch mit Rechnung gelöst werden, so sind beide Wege i. Allg. nicht so stark verknüpft, dass nicht zwei getrennte Arbeiten daraus abgewickelt werden könnten. In diesem Fall erscheint es ratsam, mit einem Kapitel auf den jeweils anderen Weg einzugehen und die andere Arbeit mit ihren Ergebnissen kurz zu skizzieren und auf deren Resultate Bezug zu nehmen.

Für die bearbeitenden Studenten einer gemeinsamen Arbeit ist die Motivation, Zuverlässigkeit und Arbeitsweise des jeweiligen Partners für den Erfolg wichtigste Voraussetzung. Deshalb sollte man den Partner schon längere Zeit, auch im Hinblick auf das Arbeitsverhalten und nicht nur in der Freizeit, kennen. Man darf nie vergessen: Die Qualität der eigenen Arbeit hängt direkt vom Partner ab. Damit wird klar, dass eine Arbeit zu zweit besondere Anforderungen stellt.

Im Erfolgsfall führt das engagierte Arbeiten im motivierten Team zu sehr guten Ergebnissen, die man allein nicht hätte erarbeiten können. Bei ungünstigem Verlauf der Arbeit hätte man sich allein viel Zusatzaufwand erspart und ein gleiches oder besseres Ergebnis erreicht.

Keinesfalls darf man davon ausgehen, dass eine Arbeit zu zweit den Arbeitseinsatz des Einzelnen reduziert. Vielmehr ist ein zusätzlicher Koordinierungsaufwand nötig.

7.5 Externe Arbeiten

Unter externen Arbeiten versteht man die Anfertigung von studentischen Arbeiten bei einem Unternehmen oder Institut außerhalb der Hochschule oder/und im Ausland in Zusammenarbeit mit dem betreuenden Institut der Ausbildungsstätte.

Fachhochschulen bieten Arbeiten, die bei Industrieunternehmen durchgeführt werden, erheblich öfter als Hochschulen an, bedingt durch die unterschiedliche Ausrichtung der Ausbildung.

Hier kommt gerade bei Hochschulen auf den Studierenden ein besonderer organisatorischer Aufwand zu, wenn er für die Koordinierung seiner externen Tätigkeit, die Betreuung und die Anerkennung der Arbeit durch seine Hochschule sorgen muss. Dafür erstellt er eine Arbeit, die gerade von Unternehmen der freien Wirtschaft positiv bewertet wird, da sie eine besondere persönliche Einsatzbereitschaft und Verantwortungsübernahme des Bearbeitenden erkennen lässt. In der heutigen Zeit der Internationalisierung und der wachsenden Konkurrenz der Märkte sind solche Qualitäten der Mitarbeiter sehr wichtig.

Eine externe Arbeit ist für den Studenten immer eine gute Gelegenheit, bei einem Unternehmen Einblicke in die Strukturen und Abläufe zu erhalten, so Impulse für die eigenen Berufsvorstellungen zu gewinnen und evtl. berufliche Kontakte für die Zeit nach dem Studium zu knüpfen. Positiv ist immer auch eine Wissenserweiterung, eine Stärkung des Urteilsvermögens und eine Persönlichkeitsentwicklung, bei einem Auslandsaufenthalt auch die Vertiefung der Sprachkenntnisse und das Kennenlernen von Strukturen in einem anderen Staat. Im Zeitalter der internationalen Märkte und der „global players" sind Auslandsaufenthalte eine anerkannte Referenz, die immer häufiger wahrgenommen wird.

Möchte man eine externe Arbeit anfertigen, kann man sich als Erstes nach Instituten seines Fachbereiches umsehen, die geeignete auswärtige Kontakte unterhalten. Eine andere Möglichkeit ist die eigenständige Anfrage bei geeigneten Firmen oder Instituten (vgl. auch Kap. 9.2).

Bei der Planung einer Arbeit im Ausland[1] helfen auch verschiedene Einrichtungen (Studentenwerk oder Auslandsamt der Hochschule; Deutscher Akademischer Austauschdienst DAAD, Kennedyallee 50, 53175 Bonn, http://www.daad.de; Bundesministerium für Bildung, Wissenschaft, Forschung und Technologie, Heinemannstraße 2, 53175 Bonn). Bei diesen Adressen sind detaillierte Informationen zu einschlägigen Förderprogrammen verfügbar. Zum Förderprogramm „Socrates/Erasmus" auf europäischer Ebene findet man auch Informationen unter Internet http://www.verwaltung.uni-mainz.de/Dez1/forschungsfoerderung/eu-prog/sokrates.html.

---

[1] Nach [2] studierten ca. 9 % der Universitätsabsolventen des Jahrgangs 1993 (ohne Fachhochschulabsolventen) während ihrer Studienzeit mindestens einen Monat im Ausland. Bei den Ingenieur- und Naturwissenschaften liegt dieser Anteil bei etwa 5 % (1993 sind dies ca. 1700 Absolventen). Verständlicherweise haben die Sprachwissenschaften die höchste Auslandsquote, gefolgt von der Kunstwissenschaft und der Medizin. Die Gesamtzahl deutscher Studenten im Ausland wird für 1993 auf etwa 40 200 hochgerechnet. Seit 1980 hat sich diese Anzahl mehr als verdoppelt. 80 % der Auslandsaufenthalte dauern bis zu einem Jahr, davon wiederum die Hälfte bis zu einem halben Jahr. Damit dominieren die kürzeren Aufenthalte. Die beliebtesten Studienländer sind USA, Großbritannien, Frankreich, Österreich und die Schweiz. Diese Länder nahmen 1993 ca. 76 % der Auslandsstudenten auf.

In jedem Fall muss man selbst darauf achten, dass die externe Arbeit den Bestimmungen der Studienordnung entspricht. Daneben muss man bei selbst organisierten externen Arbeiten schon vor Beginn der Arbeit ein Institut seines Fachbereiches finden, das diese als Studienleistung betreut und auch anerkennt. Aus diesen Gründen muss man mit den Vorbereitungen zu einer externen Arbeit frühzeitig beginnen. Besonders lange Planungsphasen sind bei Arbeiten im Ausland erforderlich (bei vielen Förderprogrammen bis weit über ein Jahr).

7.6 Arbeiten in englischer Sprache

Dokumentationen zu im fremdsprachlichen Ausland durchgeführten studentischen Arbeiten werden i. Allg. in englischer Sprache abgefasst, damit sie für Leser verschiedener Nationalitäten zugänglich sind. Als hilfreiche Werkzeuge bei der Texterstellung sind ein gutes Wörterbuch und ggf. ein Handbuch für das Schreiben wissenschaftlicher englischer Texte zu nennen, z. B. [22], [27], [33]. Daneben kann man sich auch an der sprachlichen Gestaltung von vorliegenden Arbeiten oder Fachaufsätzen orientieren.

Aufbau und Lay-out sind bei Dokumentationen in Fremdsprachen weitgehend identisch mit den deutschen Gebräuchen, sodass die entsprechenden Kapitel dieses Leitfadens gültig bleiben. Eine englischsprachige Dokumentation sollte man direkt in englischer Sprache erstellen.

Das Schreiben erfordert die Beachtung der Regeln des Schriftenglisch und einiger begrifflicher Konventionen für englischsprachige wissenschaftliche Texte. Analog zu Tab. 8, S. 35, enthält **Tab. 20** häufig verwendete Abkürzungen; **Tab. 21** erwähnt einige Aspekte des Schriftenglischen in Dokumentationen. Diese werden im Schulunterricht meist nicht behandelt und sind z. T. schwer nachzuschlagen. Wesentliche Punkte sind Groß-/Kleinschreibung, Zeichensetzung, Unterschiede zwischen britischem und amerikanischem Englisch sowie die Darstellung von Zahlen und Einheiten.

Außer den Punkten 4 bis 9 der Tab. 21 ist die Kommasetzung analog zum Deutschen.

Tab. 22 stellt neben den grammatischen und formalen Aspekten typische Begriffe zusammen, die in wissenschaftlichen Dokumentationen zum Grundvokabular gehören. Damit liegt für die Haupttätigkeiten in wissenschaftlichen Arbeiten eine Synonymwörterliste vor. Den letzten Punkt in Tab. 22 (Nr. 13) sollte man in jedem Fall einplanen, wenn man nicht ausreichend sprachliche Sicherheit besitzt.

Abkürzung	Bedeutung	Abkürzung	Bedeutung
a/v	on the average	J.	Journal
c.	circa	Lit.	Literature
cc.	carbon copy (Verteiler, z. B. bei Briefen, E-Mails)	lit.	literal
		Ltd.	with limited liability (BE, Namenszusatz bei Firmen entsprechend GmbH, AG)
cf.	confer, refer		
Ch.	Chapter		
comp.	compare	min.	minimum
dd.	dated	max.	maximum
Ed., ed.	Editor, edited	neg.	negative
e.g.	for example (exempli gratia)	p.; pp.	page; pages
		Proc.	Proceedings
Enc., Encl.	Enclosure (Anlage)	qr.	quarter
etc.	and so on (et cetera)	Ref.	Reference
Fig.	Figure	resp.	respectively
i.e.	that is (id est)	s.	see
ill.	illustrated	sec.	second
inc., incl.	inclusive	Soc.	Society
Inc.	Incorporated with limited liability (AE, Namenszusatz bei Firmen entsprechend GmbH, AG)	Tab.	Table
		Vol.	Volume
		vs.	versus
		w.	with

Tab. 20: *Abkürzungen in englischsprachigen Texten*
(AE = Amerikanisches Englisch, BE = Britisches Englisch)

Tab. 23 stellt den wichtigsten deutschen Begriffen aus dem Bereich der Druck- und Dokumentationstechnik die entsprechenden englischen gegenüber. Enthalten sind auch übliche Bezeichnungen für Kapitelüberschriften der ersten Gliederungsebene in wissenschaftlichen Texten. Im Glossar (Kap. 9.1) sind ebenfalls gebräuchliche englische Bezeichnungen zu finden, sodass mit allgemeinen Englischkenntnissen ohne weitere umfangreiche Recherche eine studentische Arbeit dokumentiert werden kann.

1. In **Überschriften oder Grafikelementen** nur erstes Wort großschreiben (außer Namen);
   in Grafikelementen auch generelle Kleinschreibung möglich;
   alle Grafikelemente mit englischer Beschriftung einschl. Zahlenformat

2. Nach **Doppelpunkt** (colon) Kleinschreibung

3. **Anführungszeichen** (quotation marks) immer oben: '..."..."...'
   (ohne Verschachtelung nur halbe Anführungszeichen)

4. **Kein Komma** (comma) vor Infinitivsätzen,
   z. B. *This investigation was done to get information about...*

5. **Kein Komma** vor that,
   z. B. *The investigation showed that ...* oder *Due to the fact that ...*

6. **Kein Komma** bei inhaltlich unentbehrlichen Relativsätzen,
   z. B. *... was the test procedure which applied the highest voltage.*

7. **Kommasetzung** bei erläuternden Relativsätzen,
   z. B. *The test procedure, which was carried out several times, showed a strong ...*

8. **Kommasetzung** nach einleitenden Umstandsbestimmungen oder bei Appositionen,
   z. B. *In principle, the parameters can vary from ...* oder
   For the assessment, therefore, one has to consider ...

9. **Kommasetzung** auch vor dem letzten Element in Aufzählungen,
   z. B. *... experiment, simulation, and literature.*

10. Unterschiede **Britisches Englisch (BE)/Amerikanisches Englisch (AE):**
    a) Endungen, z. B. *colour/color, vapour/vapor, catalogue/catalog, licence/license, centre/center*
    b) Wortstamm, z. B. *reflexion/reflection, deflexion/deflection, tyre/tire, acknowledgement/acknowledgment, gauge/gage, aeroplane/airplane*
    c) Durchgängige Handhabung anstreben,
       im Zweifelsfall Orthographie des Wörterbuchs nehmen

11. **Tausender- und Dezimaltrennzeichen** (Komma bzw. Leerzeichen) beachten und bei Korrektur kontrollieren, z. B. 1,234.56 bzw. 1 234.56

12. Liegendes Kreuz bei **Zahlen mit Zehnerpotenzen** statt Malpunkt,
    z. B. $6,023 \times 10^{23}$ statt $6,023 \cdot 10^{23}$

13. **Große Zahlen** mit Zehnerpotenz ausdrücken, da Vorsätze uneinheitlich gehandhabt werden:
    10^6 – eine Million (D) – one million (BE, AE)
    10^9 – eine Milliarde (D) – one milliard (BE) – one billion (AE)
    10^{12} – eine Billion (D) – one billion (BE) – one trillion (AE)

14. **SI-Einheiten** verwenden (DIN 1301, ISO 31),
    ISO-Normen bevorzugen bzw. ergänzend einbeziehen

15. **Silbentrennung** nach Wortstamm (und nicht nach Sprechsilben wie im Deutschen), z. B. *hous-es, writ-ing, avail-able, call-ing*

Tab. 21: *Schreibregeln für englischsprachige Dokumentationen*

1. **Keine Häufung zusammengesetzter Substantive,** Getrenntschreibung ohne Bindestrich (hyphen): 'British standard specification', 'scratch adhesion testing failure modes'
2. **Einzahlwörter beachten,** von denen keine Mehrzahlform existiert (sog. uncountables), hier z. B. information, knowledge, progress
3. **Mehrzahlwörter beachten,** von denen keine Einzahlform existiert (sog. plural words), hier z. B. contents, thanks, surroundings
4. **Treffende Konjunktionen** erzeugen Sinnfluss im Text, z. B. since, as, so, while, when, even, even if, although, whereas, because, in case of, provided that, unless, moreover, finally, in addition, nevertheless, in principle, besides, until, if, before, after, however, whenever, hence, therefore, for this reason, during, on the whole, by the way usw.
5. Unterschiedliche Begriffsverwendung: **Britisches Englisch/Amerikanisches Englisch,** z. B. (BE/AE) housing/gearbox, toggle (bistable trigger circuit)/ flipflop, wing screw/thumb screw, transmission/linkage, misprint/typo, circular diagram or circle graph/pie chart, petrol/gasoline
6. **Synonyme und Alternativen zum Begriff „Untersuchung":** investigation, study, analysis, experiment, examination, test, work, subject, project, inspection, review, determination, measurement, calculation, method, research, publication, paper, principle, structure, development, phenomenon, evaluation
7. **Planung und Vorbereitung wissenschaftlicher Arbeiten:** deal with, focus on, define, analyze, introduce, intend, plan, design, create, calculate, separate, isolate, decide, select, include, add, solve, derive from, deduce, prepare, adapt, prefer, achieve, predict
8. **Durchführung wissenschaftlicher Arbeiten:** proceed, applicate, carry out, perform, run (e. g. tests), continue, maintain, generate, simulate, compute, measure, record, collect, control, support, modify, identify, classify, find, count, obtain, make sure, work out, concentrate, terminate
9. **Vermuten, wissen und verstehen:** assume, suppose, expect, suggest, consider, confirm, take (into acount), base on, conclude, understand, know, interpret, relate, deny, doubt, refer to
10. **Beschreiben, zeigen, bewerten:** show, demonstrate, illustrate, present, propose, describe, draw, display, mention, indicate, specify, report, explain, compare, give an impression/picture of, emphasize, point out, outline, make clear, state, discuss, prove, validate, evaluate, (dis)agree, lead to, assess, contain, underrate
11. **Erfassen des Verhaltens von Funktionen und Relationen:** increase, decrease, reach, pass, exceed, correlate, represent, fit, continue, minimize, maximize, approximate, interpolate, superpose, converge, alter, vary, differ, convert, limit
12. **Erfassen des Verhaltens von nichtnumerischen Größen:** begin, exist, distinguish, substitute, calibrate, consist of, set to, appear, arise, occur, behave, depend on, concentrate to, change, influence, affect, effect, spread, match, adapt, adjust, modify, reduce, replace, enlarge, expand, extend, result, withstand, remain, end, fail, eliminate
13. Bei Fertigstellung der Arbeit **„language polishing"** in zusätzlichem Korrekturgang durchführen

Tab. 22: *Hilfen zur Wortwahl in englischsprachigen wissenschaftlichen Texten*

Deutsch	Englisch
Abbildung (Abb.)	figure (Fig.)
Abkürzung	abbreviation
Absatz	paragraph
Abschnitt, Kapitel	chapter, document section
allgemeine Anmerkungen	general remarks
Anhang	appendix
Auflösung	resolution
Aufzählung	listing
Ausdruck	printout, hardcopy
Balken, gestapelt	segmented bars
Balkendiagramm	bar chart, bar diagram
Begriffe	terms, concepts
Bewertung	assessment, conclusions
Bildunterschrift	(figure) caption
Buchstabe (groß, klein)	capital letter, lower case letter
Danksagung	acknowledgements
Diagramm	graph, diagram, chart, plot
Diplomarbeit	diploma work
Draufsicht	plan view, top view
Druck	printing
Druckfehler	misprint
Durchführung	experimental details
durchgezogene Linie	solid line, continuous line
Einheit (phys.)	unit
Einleitung	introduction
Entwurf	draft
Ergebnisse und Diskussion	results and discussion
Examensarbeit	written work presented for examination
Fehler	error
Fehlerbalken	error bar
fett	bold
Formatierung	formatting
Formel	formula
Formelzeichen	symbol
Formular	form, schedule
Fußnote	footnote
gegenwärtiger Wissensstand	present state of knowledge
Gleichung	equation
Gliederung	structure, organization of chapters
Glossar	glossary (of terms)
Grafik	drawing, figure
Grundlagen (der)	fundamentals, basics (of)
Hochformat	portrait
Index	index, subscript
Inhalt	contents
Kennlinie	characteristic curve
Klammern	(parantheses), [brackets]

Tab. 23: *Begriffsauswahl für eine Dokumentation in englischer Sprache (Fortsetzung nächste Seite)*

Deutsch	Englisch
Konzept	conception, draft (Entwurf)
Koordinatendiagramm	graph, line chart
Kreisdiagramm	circular diagram, pie chart
kursiv	italic
Kurzfassung	abstract
Leerzeichen	blank, spacing
Legende	legend
Lektorat	revising, editing
Lösungsansatz zu	approach to
mikroskopisches Foto	micrograph
Netzlinien	grid lines
Präsentationsfolie	transparency, overhead
private Mitteilung	private communication
Punktlinie	dotted line
Quellen(nachweis)	references
Querformat	landscape
Querschnitt	cross section
Sachwortregister	index
Schemazeichnung	key plan, schematic figure
Schnittzeichnung	sectional view
Schriftart	characters of letters, font
Schriftstil	typeface
Seitenansicht	side view
Seiten-Lay-out	page design
Seitenrand	margin
Seminararbeit	seminar paper
Skizze	sketch, schematic drawing
Spalte	column
Strichlinie	dashed line, broken line
Strichmaßstab	line rule
Studienarbeit	study, project report
Tabelle (Tab.)	table (Tab.)
Tippfehler	keying error
Überschrift	heading, headline
Umrechnung	conversion
Vergrößerung	magnification
Verweis	reference (mark)
Verzeichnis	list of ..., register
Verz. d. Formelz. u. Abkürzungen	notation, designations
Vorderansicht	front view
Vorwort	preface
Worttrennung	word breaking, division of words
Zeichen (Zeichensatz)	character (font)
Zeichensetzung	(inter)punctation
Zeile	line
Ziele, Zielsetzung	objectives
Zusammenfassung	summary
zweizeilig	double spaced

Tab. 23 (Fortsetzung): *Begriffsauswahl für eine Dokumentation in englischer Sprache*

8 Hinweise zum Einsatz der EDV

Die Auswahl des richtigen Softwarepaketes (und einer dazu passenden Hardwarekonfiguration) entscheidet über die Effektivität der Arbeit mit dem Rechner für den jeweiligen Zweck. Heute gibt es eine Vielzahl von Softwareangeboten aus dem Bereich der Text- und Grafikverarbeitung, wobei die Grenzen zwischen reiner Textverarbeitung, Lay-out-Gestaltung, Formel-, Grafik- und Diagrammerstellung mehr und mehr verschmelzen, da integrierte Softwarepakete mehrere Themenbereiche abzudecken versuchen.

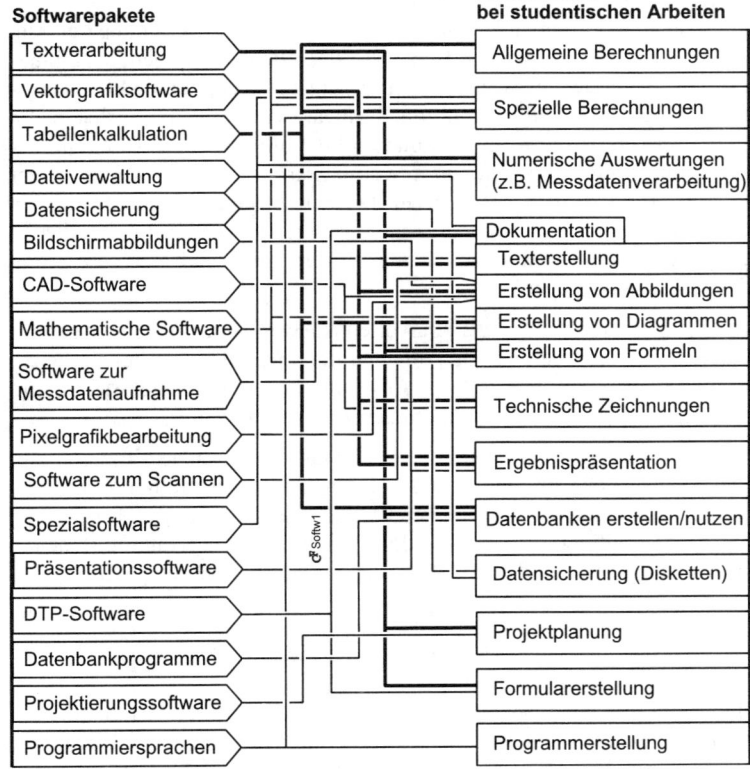

Abb. 31: *Software zum Einsatz bei studentischen Arbeiten*

Abb. 31 gibt einen Überblick über etablierte Gruppen von Softwarepaketen und deren Einsatzmöglichkeiten bei studentischen Arbeiten.

Aus der Abbildung erkennt man, dass man mit einer gut ausgestatteten Textverarbeitung, einem Vektorgrafikprogramm und einer Tabellenkalkulation bis auf reine Programmiertätigkeiten, die Bilddigitalisierung und die Datensicherung alle Aufgabenbereiche bei studentischen Arbeiten abdecken kann. Für ein wissenschaftliches Arbeiten gehören diese drei Programmpakete daher zur Grundausstattung. Ergänzend sollte man darauf achten, dass zwischen den Programmen ein Datenaustausch möglich ist.

Für die Softwareauswahl muss man sich mit dem jeweiligen Betreuer unter Einbeziehung der Vorgaben, der eigenen Erfahrungen und der rechtlichen Verhältnisse abstimmen.

Um sich bei den heute sehr umfangreichen Softwarepaketen effektiv einarbeiten zu können, muss man genau wissen, welche ausgewählten Programmeigenschaften und -funktionen man für seine Anwendung benötigt und daher kennen muss. In gleicher Weise sollte man vor dem Kauf eines PC genau überlegen, welche Anforderungen später an die Leistungsfähigkeit gestellt werden, und die Hardware entsprechend auslegen. Im EDV-Bereich ist die Kompatibilität und die allgemeine Verbreitung generell ein besonders wichtiges Bewertungskriterium (Bewährung in der Praxis, Möglichkeiten des Datenaustauschs; bekannte Produkte werden besser unterstützt mit Updates, Literatur, Treibern usw.). Für Studenten gibt es oft besondere Rabatte, die man prüfen sollte (evtl. Rechenzentrum der Hochschule fragen).

Die Zusammenstellung einer sinnvollen Auswahl an EDV-Hinweisen für studentische Arbeiten ist das Anliegen der folgenden Kapitel. Daneben werden bewährte Ratschläge zur Arbeitsweise zusammengefasst, um ein effektives und sicheres Vorankommen zu unterstützen.

Typisch für den Rechnereinsatz ist die fast unbegrenzte Editierbarkeit von Texten, Formatierungen und allen im Rechner erstellten Grafikelementen mit einer entsprechenden Vielfalt zur Gestaltung, Abstimmung und Überarbeitung, die i. Allg. jedoch durch die zur Verfügung stehende Bearbeitungszeit und die Kenntnisse des Benutzers begrenzt wird.

8.1 Arbeitsweise

Ziel sollte sein, eine Dokumentation ohne handschriftliche Eintragungen, außer der evtl. benötigten Unterschrift bei der eidesstattlichen Erklärung, auszuführen. Da ein effektiver Rechnereinsatz die Arbeitsweise beeinflusst, sind nachfolgend einige Hinweise zusammengestellt. Wegen ihrer zahlreiche Vorteile sind Windows-Softwarepakete heute weltweit stark verbreitet (grafische Benutzeroberfläche, Multitasking, standardisierte und komfortable Bedienung, gemeinsame Nutzung der Ressourcen des Rechners, Möglichkeit zum Datenaustausch zwischen Programmen, nachteilig sind große benötigte Rechenleistungen und evtl. durch die Komplexität der Software bedingte Stabilitätsprobleme). Durch den großen Bedienungskomfort und die einheitliche Terminologie ist hier eine Einarbeitung leicht, besonders wenn mehrere Programme verwendet werden.

Es ist ratsam, auf dem verwendeten Rechner zu Beginn der Arbeit ein gesondertes Verzeichnis für Text- und Bilddateien anzulegen und dann dieses Verzeichnis auch ausschließlich für die Dateiverwaltung der Arbeit zu benutzen.

In gewissen Zeitabständen, i. Allg. etwa alle zwei Tage, sollte ein Backup der in der Zwischenzeit bearbeiteten Dateien angelegt oder aktualisiert werden, um bei Rechnerabsturz oder Hardwaredefekten gewappnet zu sein. Die Daten sollten zur Sicherheit generell auf einem zweiten Datenträger gespeichert werden. Wenn mit Disketten gearbeitet wird, was bei den heutigen Dateigrößen oft unhandlich ist, sollte man daran denken, dass eine Diskette nur eine begrenzte Zahl von Zugriffen während ihrer Lebensdauer ermöglicht und daher sicherheitshalber nicht zu alt sein darf.

Vor der Ausführung von komplexen Funktionen der Software speichert man immer die aktuellen Daten auf der Festplatte. Zu diesen Funktionen gehören das Ausdrucken, bei Textverarbeitungen das automatisierte Erstellen von Verzeichnissen, Worttrennungen oder bekannte kritische Operationen der Software, bei denen offensichtlich die Programmierung nicht stabil genug erfolgt ist.

Ob Grafikelemente bzw. Grafikdateien in die Textdateien der Dokumentation per Software eingebunden oder in den letzten Ausdruck per Hand eingeklebt werden, hängt heute meist von den Ressourcen der verwendeten Rechnerhardware und den Kenntnissen des Benutzers ab (Kap. 8.3). Beim ersten Einbinden per Software muss unbedingt ein Versuchsausdruck das gewünschte Ergebnis bestätigen. Hinzu kommt noch, dass eine durchgängige Grafikverarbeitung im Rechner zwar besonders beim Fehlerkorrigieren sehr komfortabel ist, aber einen Scanner für das Einlesen von Bildvorlagen benötigt.

Aus Gründen der Handhabbarkeit von Dateigrößen und der Datensicherheit sollten Grafiken zunächst in einer externen Datei und nicht ausschließlich in der Textdatei abgespeichert werden (**Abb. 32 a**).

Abb. 32 b zeigt zwei verschiedene Konzepte zur Einbindung von Grafiken in den Text: Beim Einbetten wird die Grafik Bestandteil der Textdatei. Dies hat den Vorteil eines leichten Dateitransportes beim Arbeiten auf unterschiedlichen Rechnern, da alle Informationen in einer Datei enthalten sind und nicht auf externe Grafikdateien zugegriffen werden muss. Allerdings führt dies bald auch zu unhandlichen Dateigrößen. Demgegenüber bietet das Verknüpfen die Möglichkeit, dass auch Änderungen in der externen Grafikdatei im Text automatisch aktualisiert werden. Da eine Dokumentation zu einer studentischen Arbeit i. d. R. nur einmalig ausgedruckt und nicht in mehreren Auflagen über längere Zeit bearbeitet wird, empfiehlt sich die Einbettung von Grafiken, wenn die Dateigröße vertretbar bleibt.

Abb. 32 c geht auf die Verwaltung längerer Dokumente, wie sie bei studentischen Arbeiten vorliegen, mit großen Datenmengen im Rechner ein: Die einfachere Möglichkeit einer zentralen Textdatei stößt meist dann an ihre Grenzen, wenn viele datenintensive Pixelgrafiken, z. B. eingescannte Abbildungen, enthalten sind und die Rechengeschwindigkeit mangels Arbeitsspeicher drastisch absinkt. In diesem Fall bleibt nur die Nutzung

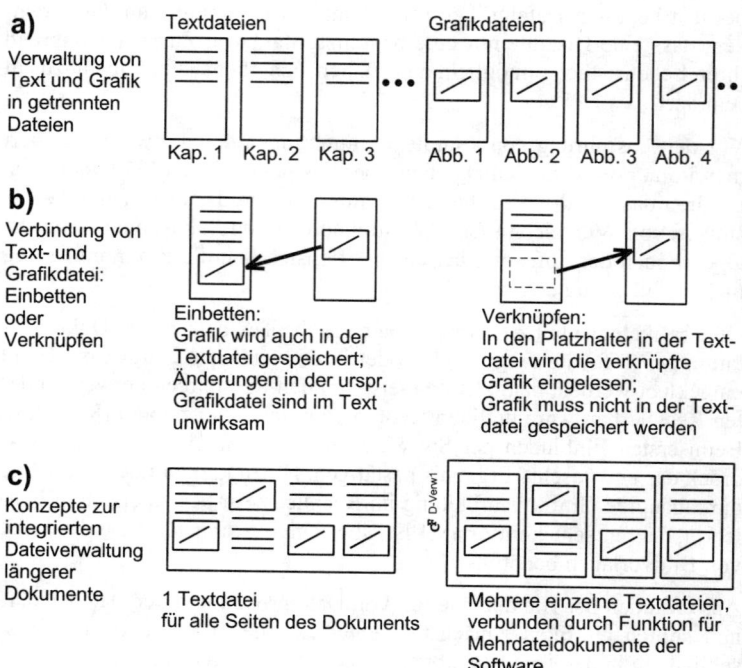

Abb. 32: *Möglichkeiten der Text- und Bildverwaltung im Rechner*
a) Dateiorganisation, b) Grafikeinbindung, c) Dokumentverwaltung

von Funktionen für Mehrdateidokumente, wenn man die automatisierte Erstellung von Verweisen, Verzeichnissen und Indizes nicht aufgeben möchte. Bei DTP-Software sind Mehrdateidokumente üblich, bei der Anfertigung von studentischen Arbeiten mit Textverarbeitungssoftware jedoch ist bis heute die Verwendung einer zentralen Textdatei mit (eingebetteten Vektorgrafiken und verknüpften Pixelgrafiken) ratsam, da bei diesem Vorgehen das Dokument einfacher zu verwalten ist und der Benutzer weniger Softwarekenntnisse benötigt.

Zeichensätze für Sonderzeichen sind heute zumeist kein Problem. Über den Abruf solcher Zeichen enthalten die Handbücher zur Software Hinweise.

Werden die Grafiken nicht im Rechner verarbeitet, muss man von zu verwendenden Abbildungen mehrere Arbeitskopien anfertigen, damit Probeausdrucke für Korrekturzwecke und die Endversion illustriert werden können. Diese traditionelle Arbeitsweise ist immer dann zu empfehlen, wenn es sich um wenige Grafikelemente handelt, keine Erfahrung mit der Grafikverarbeitung und erheblicher Zeitmangel vorliegen.

Bei Grafikverarbeitung im Rechner dagegen entfällt die Anfertigung von Arbeitskopien, da dann die Abbildungen mit den Seiten des Dokumentes ausgedruckt werden können. Trotzdem sollte man jede Grafik auf einem einzelnen Blatt getrennt ausdrucken, ggf. die Quelle vermerken und ablegen, damit man während der Erstellung der Dokumentation den Überblick über die schon eingebundenen Grafiken behält.

Um Komplikationen beim späteren Ausdrucken der Dokumentation vorzubeugen, sollte man unbedingt unmittelbar nach Festlegung aller Elemente der Arbeit (Textelemente, Lay-out-Besonderheiten, Schriftsätze, Grafiken, Zeichnungen, Diagramme usw.) auf dem Drucker für den endgültigen Ausdruck einige Seiten probeweise ausdrucken, um zu prüfen, ob alle Elemente zufrieden stellend wiedergegeben werden. Leider ist es oft so, dass z. B. auf dem fremden Laserdrucker für die Endversion die Schriftsätze des privaten Nadeldruckers nicht verfügbar sind und damit die bisherige Formatierung der Arbeit zusammenbricht. Die abgabefertige Dokumentation sollte heute auf einem Tintenstrahl- oder Laserdrucker ausgegeben werden. Falls man keine eigene Möglichkeit hat, einen solchen Drucker zu nutzen, kann der Betreuer der Arbeit weiterhelfen.

Alle Berechnungen mit mathematischen Operationen sollten heute, wenn möglich, mit leistungsfähigen Tabellenkalkulationen durchgeführt werden, da dann der Berechnungsablauf jederzeit übersichtlich ausgedruckt und präsentiert sowie mit wechselnden Parametern modifiziert werden kann (Kap. 8.4). Hinzu kommen gegenüber dem Rechenheft die Vermeidung von manuellen Rechenfehlern und die nahe liegende direkte Einbindung des Datenmaterials in die Dokumentation. Trotz aller Vorteile muss man durch die Überprüfung ausgewählter Parameter sicherstellen, dass die Berechnungen mathematisch korrekt sind.

8.2 Textverarbeitung

8.2.1 Softwarefunktionen

Die Textverarbeitung ist das wichtigste Softwarewerkzeug bei der Erstellung einer Dokumentation. Das kann man auch daran erkennen, dass spezielle Programmhandbücher zur Erstellung von wissenschaftlichen Arbeiten mit einzelnen Softwarepaketen existieren, z. B. [20]. Grundsätzlich sollte man mit der Programmbedienung und den benötigten Funktionen vertraut sein.

Welche Funktionen einer Textverarbeitung für die Erstellung einer Dokumentation und für ein übliches Lay-out wichtig sind, fasst **Tab. 24** zusammen.

Anhand dieser Auflistung kann man bei Bedarf im jeweiligen Benutzerhandbuch gezielt nachschlagen. Man sieht, dass die genannten Funktionen weit über die Möglichkeiten einer Schreibmaschine hinausgehen.

Zum Formatieren von Texten sollte man möglichst nicht einzelnen Textstellen, sondern den verschiedenen Textelementen mithilfe von sog. Format- oder Lay-out-Vorlagen (auch Style Guides oder Formatkataloge genannt) gemeinsam ein Zeichenformat zuweisen, da nur dann bei längeren Dokumenten eine einfache Umformatierung möglich ist (z. B. allen Überschriften der ersten Gliederungsebene die Schriftgröße 16 Pt und die Auszeichnung fett, vgl. auch Tab. 11, S. 53). Auch darf man nicht das Lay-out einer Textseite mit Leerzeichen und Zeilenumbrüchen „zurechtschieben", sondern sollte dazu immer absatzorientierte Formatierungen einsetzen (z. B. Zeilenhöhe, Einzüge, Positionsangaben usw.).

Zur Erstellung umfangreicher Dokumente, wie einer Dokumentation zu einer studentischen Arbeit, ist es besonders bei vielen Grafiken mit großem Speicherbedarf u. U. von Vorteil, die Funktionen moderner Textverarbeitungen zur Verwaltung von Dokumenten über mehrere Dateien zu nutzen (z. T. als Masterdokument oder Zentraldokument bezeichnet, vgl. Abb. 32 c, S. 114). Dies ist jedoch nur zu raten, wenn ausreichende Softwarekenntnisse vorliegen.

Soll an einer Stelle im Text ein Verweis mit noch unbekannter Nummer oder eine Angabe eingefügt werden, die noch nicht genau bekannt ist, so setzt man an diese Stelle einen Platzhalter, z. B. xxx oder ???. Diese Zei-

Nr. Funktion der Textverarbeitung	Anwendung in einer Dokumentation
1. Gliederungsfunktionen	Gliederungserstellung, Kapitelstrukturierung
2. Tabellenfunktionen, Auflistungen für Aufzählungen	Erstellen von tabellarischen Funktionen
3. Kopfzeilenverwaltung	Seiten-Lay-out
4. Fußnotenverwaltung	Seiten-Lay-out
5. Formatvorlagen	Automatisierte Erstellung des Seiten-Lay-outs und Formatierung von Textelementen
6. Zählfunktionen	Ausführung und Verwaltung der Nummerierungen (vgl. Kap. 4.3)
7. Funktionen zur Grafikeinbindung	Einbinden und Verwalten von Grafikelementen
8. Lay-out-geschützte Zeichen	Trennstriche für Silbentrennung, die bei Änderung des Zeilenumbruches verschwinden; definierte schmale Leerzeichen; zeilenumbruchgeschützte Minuszeichen
9. Funktionen für Verweise	Erstellung und Verwaltung von Verweisen auf Grafikelemente, Kapitel und Quellen
10. Sortierfunktionen	Sortieren der Quellen und anderer Listen
11. Suchfunktionen	Suchen von Begriffen oder Fehlern im Text
12. Funktionen zur Inhaltsverzeichnisgenerierung	Erstellung des Inhaltsverzeichnisses
13. Funktionen zur Indexerstellung	Automatisierte Erstellung von Sachwortregistern
14. Funktionen zur Silbentrennung	Schriftbildkorrektur (besonders beim Blocksatz)
15. Funktionen zur Rechtschreibprüfung und/oder Grammatikprüfung	Fehlersuche und -korrektur (von der Sprache der Texte abhängig)
16. Formeleditor	Darstellung von Formeln
17. Automatische Zwischenspeicherung und Rückspeicherung der letzten Dateiversion	Sicherheitsfunktion gegen Datenverlust beim Rechnerabsturz, Speicherfehler im Rechner und versehentliches Speichern
18. Datenorganisation mit Mehrdateidokumenten	Vereinfacht Nummerierungen und Zählungen über mehrere Dateien

Tab. 24: *Komplexe Funktionen moderner Textverarbeitungssoftware*

chenkette kann man jederzeit mit einer Suchfunktion wieder finden und durch die richtige Angabe ersetzen.

Bei Literaturverweisen sollte man die betreffende Quelle sofort im Literaturverzeichnis eintragen und den nötigen Verweis im Text einfügen, da ein späteres Zuordnen der Verweise einen erheblich größeren Aufwand bedeutet. Auch hier ist es ratsam, die Verweis-, Zähl- und Sortierfunktionen der Textverarbeitung zu nutzen.

Die Programmbedienung ist am schnellsten bei einer Kombination aus Mausbenutzung über die Grafikoberfläche des Programms und der Verwendung von Tastaturbefehlen für häufig benötigte Funktionen (z. B. Wiederholfunktionen).

8.2.2 Schreibregeln

Da die meisten Studenten keine Ausbildung im professionellen Schriftsatz haben, werden im Folgenden die wichtigsten Aspekte für den Schriftsatz mit Rechner und Tastatur in tabellarischer Form nach DIN 5008 und [9], [13] zusammengestellt (**Tab. 25**).

Nr.	Regel	Beispiel
1.	Satzzeichen (. , ; : ! ?) werden ohne Leerzeichen an das vorausgehende Wort angefügt. Nach dem Satzzeichen erfolgt immer ein Leerzeichen.	*... angefügt. Nach ...*
2.	Klammern und Anführungszeichen werden ohne Leerzeichen um die eingeschlossenen Elemente gesetzt.	*(s. Kap. 1.2.3) sog. „Rechnerarbeiten"*
3.	Bindestriche werden ohne Leerzeichen zwischen die zu verbindenden Worte gesetzt. Ergänzungsstriche werden unmittelbar an den zu ergänzenden Wortteil angeschlossen. Streckenstriche werden ohne Leerzeichen gesetzt.	*Geldwechsel-Automat, Radio- und Fernsehgeräte, Hafenstr. 14–17, Hamburg–München ...*
4.	Hochzahlen und Fußnotenziffern werden ohne Leerzeichen angeschlossen.	*Energie von 10^7 eV ... in früheren Arbeiten[4] ...*
5.	Gedankenstriche (Halbgeviertstriche) sind länger als Bindestriche und werden von schmalen Leerzeichen umschlossen.	*Das ist – wie bereits früher beobachtet – ein ...*

Tab. 25: *Schreibregeln für den Schriftsatz mit PC (Fortsetzung nächste Seite)*

Nr. Regel	*Beispiel*
6. Für eine Auslassung stehen immer drei Punkte. Am Satzende erscheint kein weiterer Schlusspunkt.	*Wenn er nur käme ...*
Bei Auslassung von nur einem Wortteil werden die Punkte ohne Leerschritt an den Wortrest angehängt.	*Dateinamen der Form dat... sind zu löschen.*
7. Vor und nach einem Schrägstrich steht kein Leerzeichen.	*2/3, und/oder*
8. Zwischen Maßzahl und Einheit sowie um Zeichen für Rechenoperationen steht ein schmales Leerzeichen. Fortführungen dürfen nicht durch Zeilenumbruch getrennt werden. Vorzeichen werden ohne Leerzeichen gesetzt. Als Dezimaltrennzeichen kann ein kleines Leerzeichen gewählt werden.	*23,5 kW, 2000 × 3000 mm², 99 %, aber 99%ig, 3fach, 5te, 45°, aber –3 °C, 5¾ kg, 2 × 10⁶ N, §§ 34–37*
9. Bei Aufzählungen sind die Zeilenumbrüche nach Sinnschritten im Text zu setzen. Am Ende von Auflistungszeilen ohne ganze Sätze steht kein Punkt. Bei Aufzählungen haben alle Textzeilen den gleichen Einzug, auch wenn sie kein Aufzählungszeichen haben.	*– Aufzählungen, Listen und Diagramme* *– xxxxxxxxxxxxx xxxxxx*
10. Bei mehrgliedrigen Abkürzungen wird zwischen den Gliedern ein schmales Leerzeichen gesetzt. Stellt die Textverarbeitung kein solches Zeichen zur Verfügung, kann es weggelassen werden. Am Satzanfang werden die Worte ausgeschrieben.	*z. B., z.B. u. U., u.U.* *...en. Zur Zeit wird ...* *~~...en. Z.Zt. wird ...~~*
11. Bezieht sich ein Fußnotenzeichen auf den ganzen Satz, steht es nach dem Schlusspunkt. Bezieht es sich nur auf das letzte Wort, wird es unmittelbar dahinter angeordnet.	*Zu diesem Thema existieren zahlreiche Arbeiten.[2] ... durch die Tribologie[3].*
12. Das erste Wort in einer Überschrift wird immer großgeschrieben.	*1.1 Allgemeine Grundlagen*

Tab. 25 (Fortsetzung): *Schreibregeln für den Schriftsatz mit PC (Fortsetzung nächste Seite)*

Nr. Regel	Beispiel
13. Die Worttrennung erfolgt im Deutschen nach „Sprechsilben". Ch, sch, ph, rh, sh, th und Doppelvokale bleiben ungetrennt. Im Zweifelsfall schlägt man im Duden nach. Trennfunktionen von Textverarbeitungen arbeiten nicht in jedem Fall richtig.	*Bes-se-rung, Kon-ti-nent, rei-ßen, ges-trig, A-kus-tik, Waa-ge, Fül-lun-gen, and-re, an-de-re, Verfahrensprinzip, Verfahrens-technik*
14. Bei Sperrschrift zwischen jedem Zeichen ein Leerzeichen, Satzzeichen mit sperren, Zahlen nicht sperren, zwischen gesperrten Wörtern 3 Leerzeichen setzen. Heute wird das Sperren nicht mehr angewendet, wenn andere Möglichkeiten der Hervorhebung bestehen.	*A c h t u n g ! B i t t e V o r s i c h t ! m a x . 1 0 M i n u t e n !*

Tab. 25 (Fortsetzung): *Schreibregeln für den Schriftsatz mit PC*

8.3 Grafikverarbeitung

Für eine Verarbeitung der Grafiken zu einer studentischen Arbeit im Rechner spricht neben einer professionellen Bildgestaltung und Bildqualität, einer komfortablen Handhabung der Dokumentation beim Erstellen, Korrigieren und Ausdrucken vor allem die Möglichkeit, das Grafikmaterial für einen anderen Einsatzfall anzupassen und zu modifizieren, z. B. zur Erstellung überzeugender Präsentationsfolien für den Abschlussvortrag.

Für die Neuerstellung von Zeichnungen kommt nur ein vektororientiertes Dateiformat in Frage (Kap. 8.3.2). Die Anwendung von Pixelgrafiken bleibt dem Einscannen von Bildvorlagen vorbehalten (Kap. 8.3.3).

Während die Vektorgrafikprogramme mit Objekten arbeiten, die durch eine mathematische Beschreibung definiert sind (z. B. Linienobjekt mit Anfangs- und Endkoordinate, Linienstil, -farbe, und -breite), besteht die Bildfläche einer Pixelgrafik aus einzelnen Bildpunkten, die eine gewisse Farbe haben. Daher kennen Pixelgrafiken keine Objekte und haben im Gegensatz zu den Vektorgrafiken eine Dateigröße, die maßgeblich von der Bildgröße abhängt, nicht vom Bildinhalt.

Aus dem Punktaufbau von Pixelgrafiken ergeben sich Grenzen in der Skalierbarkeit. Demgegenüber können Textverarbeitungen die üblichen Dateiformate von Pixelgrafiken problemlos lesen; bei den Vektorgrafik-

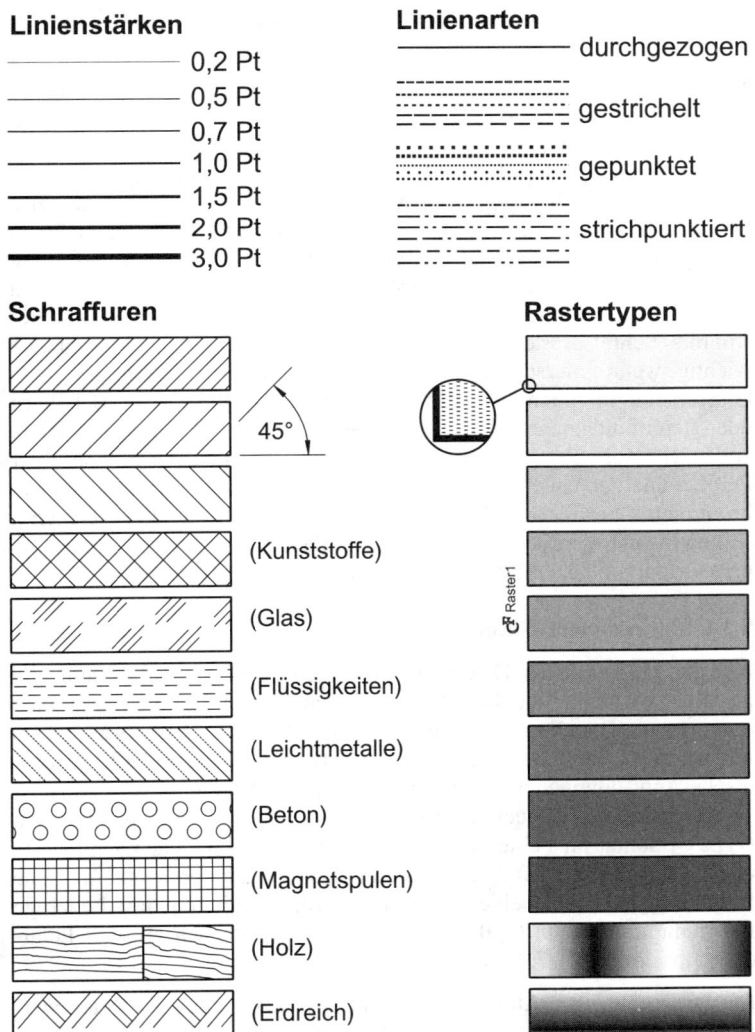

Abb. 33: *Linienstärken, Linienarten, Schraffuren und Rastertypen*

formaten üblicher Software muss man beim Einbinden in Textdateien immer genau prüfen, welche Grafikobjekte unverändert eingelesen werden können. Problematisch sind hier oft Linienbreiten, Schraffuren, Rasterfüllungen und andere Objektattribute. Aus diesem Grund unterstützen Windows-Programme das sog. Object Linking and Embedding (OLE), das komplette Anwendungsprogramme untereinander verknüpft und nicht nur deren Datenmaterial.

Abb. 33 zeigt Linienstärken, Linienarten, Schraffuren und Rastertypen für Grafiken. Die sinnvolle Linienstärke liegt i. Allg. zwischen 0,5 und 2 Pt. In den Abbildungen dieses Leitfadens sind bewusst unterschiedliche Linienstärken als Gestaltungselement verwendet worden, um die Wirkung zu verdeutlichen (vgl. z. B. Achsen und Rahmen bei Diagrammen). Bei unterbrochenen Linienarten sollten die Unterbrechungen nicht zu dicht gewählt sein. Die Abstände der Schraffurlinien zur Flächenfüllung werden der Objektgröße angepasst. Der Schraffurwinkel von 45° wird nicht variiert. Wie die Abbildung zeigt, sind für gewisse Materialien bestimmte Schraffurarten vorgesehen (DIN 201). Diese sind besonders wichtig, wenn unterschiedliche Materialien zusammentreffen, z. B. eine Glasscheibe in einem Metallrahmen, Flüssigkeitsstände in Behältern oder Betonfundamente im Erdreich. Die vielfältigen Rastertypen dienen zur Flächenfüllung von Objekten, wobei die Verlaufsraster mit variabler Punktdichte zur Unterstützung der dreidimensionalen Wirkung von gekrümmten Oberflächen geeignet sind (vgl. Abb. 37, S. 130). Generell sollten in einer Grafik eindeutige und möglichst wenige verschiedene Linienattribute, Flächenfüllungen oder Farben verwendet werden.

8.3.1 Diagrammerstellung

Alle Diagramme einer Dokumentation werden im Rechner erstellt und gestaltet. Dazu sind die Tabellenkalkulationen mit Diagrammfunktionen ausgestattet. Daneben existieren spezielle Präsentationssoftwarepakete und sog. Geschäftsgrafikprogramme, die für naturwissenschaftlich-technische Anwendungen allerdings mathematisch oft nicht ausreichend ausgelegt sind und z. T. auch nicht die gesuchten Diagrammtypen enthalten (z. B. Optionen für Fehlerbalken oder Approximation). Für komplizierte oder wenig übliche Diagrammdarstellungen existieren mathematische Programme, die über eine Anwendungsprogrammierung fast beliebige Diagramme erzeugen (z. B. gekrümmte Koordinatenachsen, vgl. Polardiagramm in Abb. 17, S. 62).

Die Bedienung ist i. Allg. sehr einfach. Die darzustellenden Daten werden in einem Arbeitsblatt tabellarisch eingetragen und nach Auswahl des gewünschten Diagrammtyps vom Programm grafisch umgesetzt. So können auch verschiedene Diagrammdarstellungen ausprobiert werden, um die optimale optische Wirkung zu erreichen. Die eigentliche Arbeit besteht meist in der Beschriftung und Formatierung der Diagramme (Kap. 4.2.3).

Für die Softwareauswahl ist der Datenaustausch mit der Textverarbeitung zur Einbindung und mit Vektorgrafikprogrammen zur grafischen

Erweiterung der Diagramme von Bedeutung. Die Diagramme dieses Leitfadens sind beispielsweise über die Möglichkeiten der verwendeten Tabellenkalkulation hinaus grafisch erweitert worden.

8.3.2 Vektorgrafiken

Vektororientierte Grafikprogramme arbeiten mit genau definierten Grafikobjekten, wie z. B. Linien, Kreisen, Rechtecken, Ellipsen, Kurven, Textobjekten usw. Diese Objekte mit spezifischen Attributen, wie Linienfarbe und -stärke, können auf der Arbeitsfläche positioniert, kombiniert und in weiten Grenzen modifiziert werden. Auf diese Weise wird die gewünschte Abbildung erzeugt.

Für die effektive Zeichnungserstellung am Rechner gilt der Grundsatz, dass Zeichnungselemente nur dann neu gezeichnet werden, wenn sie nicht durch Kopieren, Drehen, Spiegeln, Zusammenfassen, Aufteilen oder durch andere Editierfunktionen der Software aus bestehenden Zeichnungselementen erzeugt werden können. Deshalb bieten viele Softwarepakete umfangreiche Symbolbibliotheken, sog. Cliparts, an. Hier sei auf die verwendeten Cliparts in Abb. 15 (Eiffelturm, S. 59) und Abb. 34 (Hardwarekomponenten, S. 126) verwiesen.

Für eine genaue Positionierung von Objekten mit der Maus existieren unsichtbare Rasterpunkte, die vom Benutzer festgelegt werden können und Optionen zur Bewegung von Objekten entlang festgelegter Richtungen.

Tab. 26 enthält grundlegende Zeichenfunktionen von Vektorgrafikprogrammen, die man in jedem Fall aus der Vielfalt an bereitgestellten Funktionen für die Anfertigung von Grafiken einsetzen sollte. Anhand dieser Tabelle kann man bei Bedarf auch gezielt im Handbuch nachschlagen.

Oft ergeben wenige sinnvoll kombinierte Objekte schon eine fertige Grafik, so z. B. der Elektromotor in Abb. 9, S. 43. Dieser besteht lediglich aus einem Rechteck mit abgerundeten Ecken und aus 20 Rechtecken mit spitzen Ecken sowie einer Strichpunktlinie.

Eine Umwandlung von Grafikdaten im Vektorformat in ein Pixelformat ist mathematisch kein Problem, da man für jede Bildgröße aus der Vektordarstellung die überstrichenen Bildpunkte (Pixel) berechnen kann. Alle bekannten Grafikprogramme stellen daher geeignete Routinen zur Verfügung. Auf diese Weise kann man als letzten Ausweg zur Einbindung in eine Textdatei die fertig skalierte Grafik in ein Pixelformat mit Druckauflösung umwandeln und dann ohne weitere Skalierung im Text einlesen (z. B. TIFF- oder Bitmap-Format). Eine letzte Alternative zum Datenaustausch bei Grafiken besteht im Erstellen einer Druckdatei im HPGL-Format für Plotter. Diese erstellt man durch die Wahl eines HP-Plotter-Druckertreibers und die Umleitung des Drucks in eine Datei, die

---

1. Linien, Rechtecke, Kreise, Ellipsen zeichnen

2. Objekte genau positionieren

3. Bildschirmansicht zoomen und verschieben

4. Beliebige Kurven zeichnen (z. B. Bezier-Kurven, Spline-Kurven)

5. Linienstärke, Linienart, Linienfarbe, Objektfüllungen beliebig editieren

6. Texte einfügen, editieren und formatieren

7. Objekte verschieben, drehen, skalieren, duplizieren

8. Zusammenfassen von Objekten zu Objektgruppen sowie Gruppen trennen

9. Objekte umgestalten, verzerren, verformen

10. Linienobjekte in Flächenobjekte umwandeln

11. Objekte zueinander ausrichten (z. B. zentriert oder mit konstantem Abstand)

12. Objekte schichten (übereinander legen und in Vorder- bzw. Hintergrund stellen)

13. Positionsraster festlegen und aufheben

Tab. 26: *Grundfunktionen von Vektorgrafiksoftware*

dann vom Zielprogramm gelesen werden kann. Auf diesem Weg gehen jedoch einige Grafikattribute verloren.

Zur Erstellung einer Grafik am Rechner überlegt man zunächst, welche Aussage dem Betrachter vermittelt werden soll. Daraus ergibt sich, was zu sehen sein muss und was nicht. Die Bildkomposition wird durch das Format der Grafik begrenzt, weshalb man beim Zeichnen am besten einen Begrenzungsrahmen einzeichnet, der später wieder gelöscht wird (z. B. Querformat Breite × Höhe: 15 cm × 10 cm). Die Ansicht wird so gewählt, dass der Hauptgegenstand am größten dargestellt ist und die Grafik nicht überladen erscheint. Die Detailtreue nimmt mit der abgebildeten Größe des Gegenstands zu.

Beim Skizzieren von Gegenständen muss man die für das jeweilige Motiv typischen Konturen erfassen. Dazu gehören die Begrenzungslinien und einige vereinfacht dargestellte Details, wie z. B. Bedienungselemente bei Geräten, Befestigungselemente bei Konstruktionen, Erfassen der Einzelkomponenten bei zusammengesetzten Bauteilen. Schnittzeichnungen, wie sie bei technischen Darstellungen oft notwendig sind, sollten bei Skizzen nur dann eingesetzt werden, wenn sie für die Aussage der Grafik wichtig sind. Dreidimensionale Darstellungen erfordern i. Allg. einen zu hohen Aufwand bei der Erstellung, sodass meist eine gute zweidimensionale Skizze mit gekrümmten Schnittlinien und Konturen, abgerundeten

Ecken und passenden Flächenfüllungen überzeugender wirkt. Beim Skalieren dürfen die Grafikkomponenten nicht verzerrt werden.

Natürlich dürfen nur Objekte des Grafikprogramms eingesetzt werden, die sich in die Textverarbeitung einbinden lassen, wenn Texte und Grafiken mit gemeinsamem Lay-out ausgedruckt werden. Auch ist es wichtig, bei der praktischen Arbeit das Zwischenspeichern nicht zu vergessen. Vor der Ausführung von umfangreichen Änderungen an einer Grafik sollte man auf jeden Fall eine Sicherungskopie der alten Datei aufheben, damit man bei Nichtgelingen zur alten Version zurückkehren kann.

Nach der Erstellung der Einzelkomponenten im Rechner (Cliparts verwenden, Kopieren und Editieren bereits bestehender Grafiken) werden diese entsprechend den Abmessungen der Grafik zusammengestellt. Im nächsten Schritt werden möglichst wenige verschiedene Linienstärken und Füllmuster zugeordnet, falls dies nicht schon geschehen ist (Hauptlinien 1–2 Pt, Hilfslinien 0,5 Pt). Keinesfalls „Haarlinien" verwenden, deren Linienstärke je nach Druckerauflösung schwankt und so gering ist, dass diese beim Fotokopieren verloren gehen. Anschließend wird die Beschriftung von Grafikelementen hinzugefügt in der Schriftart des Haupttextes (Schriftgröße 8–12 Pt). Nach nochmaliger Überprüfung der wirksamen Positionierung der Elemente zeigt ein Testausdruck evtl. noch vorhandene Fehler, z.B. falsche Linienstärken und Flächenfüllungen, Schriftgröße oder ungenaue Linienanschlüsse.

8.3.3 Pixelgrafiken und Bilddigitalisierung

Abbildungen, die als gedruckte Vorlage verfügbar sind und in eine Dokumentation per Rechner eingebunden werden sollen, müssen mit einem Scanner in Bildpunkte digitalisiert werden und so für den Rechner zugänglich gemacht werden. Der Vorteil einer Verarbeitung und Verwaltung von Bildern im Rechner ist zum einen die uneingeschränkte Editierbarkeit (z.B. Auswechseln von Variablenbezeichnungen in Diagrammen, Anpassung von Darstellungen oder Retuschieren der Vorlage) und das komfortable Ausdrucken der Dokumentation mit allen Illustrationen, auch schon bei den Korrekturgängen, ohne manuelle Klebearbeiten. Hinzu kommt prinzipiell eine beliebige grafische Nachbearbeitbarkeit für die Reproduktion.

Abb. 34 fasst den prinzipiellen Ablauf der digitalen Bildverarbeitung von der Bildvorlage bis zum reproduzierten Ausdruck zusammen. Für die Qualität des ausgedruckten Scanbildes sind vor allem die Scanauflösung S, die Farbtiefe F, die Bildvergrößerung V, die Rasterauflösung R und die Druckauflösung D neben anderen Parametern grundlegend. Da sich die Parameter in ihrer Wirkung alle überlagern, muss man die optimale Einstellung für die jeweilige Hardwarekonfiguration durch Versuche er-

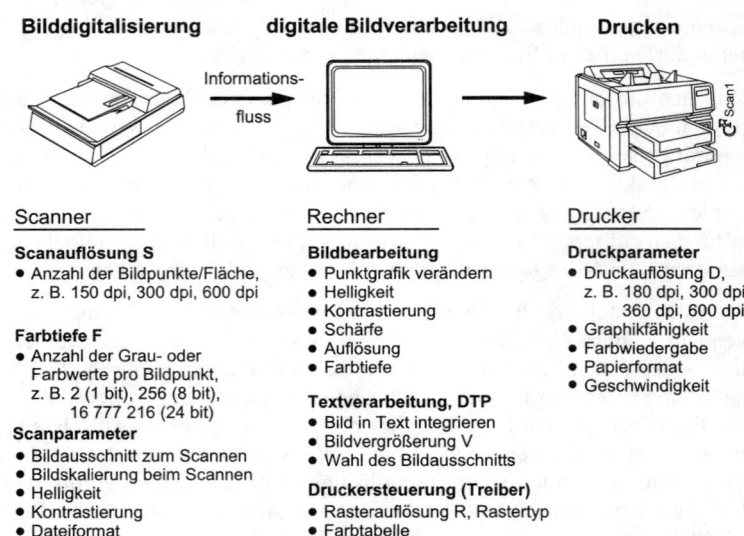

Bilddigitalisierung	digitale Bildverarbeitung	Drucken

Scanner

Scanauflösung S
- Anzahl der Bildpunkte/Fläche, z. B. 150 dpi, 300 dpi, 600 dpi

Farbtiefe F
- Anzahl der Grau- oder Farbwerte pro Bildpunkt, z. B. 2 (1 bit), 256 (8 bit), 16 777 216 (24 bit)

Scanparameter
- Bildausschnitt zum Scannen
- Bildskalierung beim Scannen
- Helligkeit
- Kontrastierung
- Dateiformat

Rechner

Bildbearbeitung
- Punktgrafik verändern
- Helligkeit
- Kontrastierung
- Schärfe
- Auflösung
- Farbtiefe

Textverarbeitung, DTP
- Bild in Text integrieren
- Bildvergrößerung V
- Wahl des Bildausschnitts

Druckersteuerung (Treiber)
- Rasterauflösung R, Rastertyp
- Farbtabelle
- Druckauflösung

Drucker

Druckparameter
- Druckauflösung D, z. B. 180 dpi, 300 dpi, 360 dpi, 600 dpi
- Graphikfähigkeit
- Farbwiedergabe
- Papierformat
- Geschwindigkeit

Abb. 34: *Ablauf und Einflüsse bei der digitalen Bildverarbeitung*

mitteln und dabei schon wissen, wie das Scanbild ausgegeben werden soll. Weitere Informationen dazu finden sich in [18].

Durch das Scannen wird eine Bilddatei, bestehend aus einzelnen Bildpunkten, erzeugt. Daraus ergibt sich, dass die Dateigröße bei gegebener Auflösung und Farbtiefe (z. B. 300 dpi, 1 bit) neben dem Dateiformat nur vom Bildformat (Breite und Höhe des Bildes) abhängt. Scandateien kennen keine Objekte (Linien, Kreise usw.), sondern nur Bildpunkte. Ein sicheres und sehr verbreitetes Format für pixelorientierte Dateien ist das TIFF-Format (*.tif) oder das Bitmap-Format (*.bmp), wobei verschiedene Modifikationen existieren (z. B. uncompressed oder compressed; Lesbarkeit der unterschiedlichen Dateiformate beim Einbinden beachten).

Bei der Pixelgrafikverarbeitung sind Strichzeichnungen, die nur aus schwarzen und weißen Bildpunkten bestehen, und Farb- oder Grauwertabbildungen, bei denen ein Bildpunkt mehrere Farbwerte annehmen kann, zu unterscheiden.

Abb. 35 a zeigt links einen Linienausschnitt einer Strichzeichnung in der Scanauflösung S, z. B. 300 dpi. Eine Vergrößerung V während der Bildverarbeitung im Rechner führt zu der geringeren Bildauflösung $B = S / V$. Wird nun das vergrößerte Bild auf einem Drucker mit der Druckauflösung D ausgedruckt, kann es aufgrund der unterschiedlichen Auflösungen zu einer merklichen Verschlechterung der Bildqualität durch die Rundung auf ganze Bildpunkte im Drucker kommen. Daher sollte man Strichzeichnungen immer mit der Druckerauflösung D einscannen und möglichst nicht skalieren (S = D; V = 1).

Abb. 35 b verdeutlicht die Verhältnisse bei der Verarbeitung von Grauwertabbildungen. Hier kommt noch hinzu, dass die üblichen Drucker keine Grauwerte ausgeben können, sondern nur schwarze oder farbige Bildpunkte. Man hilft sich, indem die Grauwerte der Abbildung durch ein Raster aus z.b. 5 × 5 Bildpunkten in z = 25 verschiedene Punktdichteverteilungen aufgeteilt werden (Rasterung). Dies führt allerdings dazu, dass für die Bildqualität bei einem Ausdruck mit der Druckauflösung D nur noch die viel kleinere Rasterauflösung (hier: R = D / 5) zur Verfügung steht. Möchte man eine Halbtonabbildung ansprechend ausdrucken, sind deshalb hohe Druckauflösungen ab etwa 600 dpi unumgänglich.

Eine Alternative, besonders bei Druckern mit geringerer Auflösung, besteht in der Anwendung der Dither-Technik, bei der die Punktdichtever-

a) Strichzeichnung

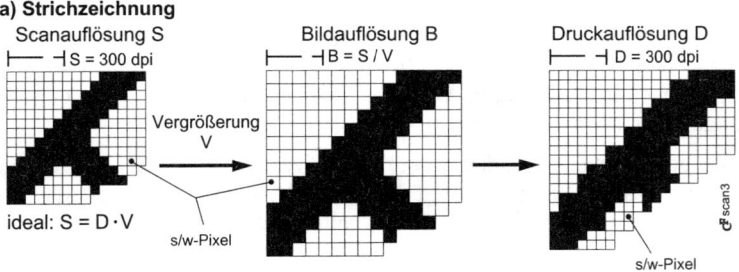

b) Grauwertabbildung

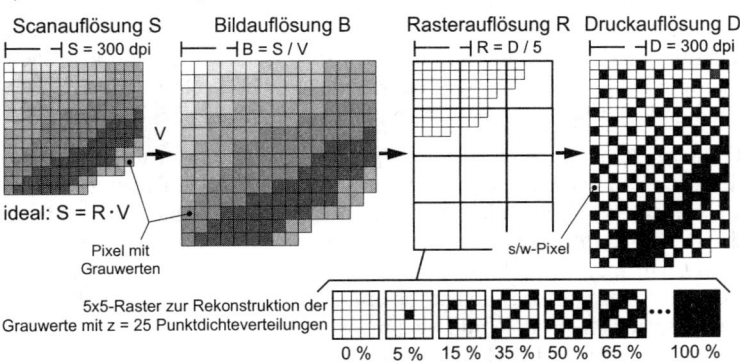

Abb. 35: *Auflösungen bei der Pixelgrafikverarbeitung, a) Strichzeichnung, b) Grauwertabbildung*

teilung nicht in einem festen Rastermaß (aus z.b. 5×5 Bildpunkten), sondern entsprechend der Helligkeitsabstufungen im Bild vorgenommen wird (engl. dither = zittern). Dies erlaubt eine Anpassung des Rasters an die Konturen. Der jeweilige „geditherte" Bildeindruck hängt stark vom verwendeten Algorithmus ab (z. B. Bayer-Methode, Error-Diffusions-Techniken, Stucki-Algorithmus). Für die Anwendung eines solchen „Streurasters" stellen die Scan- und Bildbearbeitungs-Softwarepakete Optionen beim Speichern bereit.

Als Empfehlung zum Scannen von Grauwertabbildungen sollte man die Scanauflösung S der Rasterauflösung R anpassen und die Farbtiefe F den Rasterstufen z. Das bedeutet bei 600 dpi Druckauflösung eine ausreichende Scanauflösung von $S = 150$ dpi bei einer Farbtiefe von $F = 4$–8 bit. Dabei darf man nicht vergessen, dass ein 300-dpi-Bild den vierfachen Speicherplatz wie ein 150-dpi-Bild benötigt. Der Unterschied zwischen Grauwert- und Farbabbildungen liegt lediglich darin, dass entweder die Farbtiefe der Bildpunkte bei der Verarbeitung von farbigen Abbildungen im Rechner stark zunimmt und damit viel Speicherplatz benötigt oder die Farbinformation in Grauwerte umgesetzt werden muss.

Die Vielfalt der Bildverarbeitung mit Rastertechniken ist sehr groß. Genannt seien z. B. die Form der Rasterpunkte oder die Anordnung in verschiedenen Rasterwinkeln. An dieser Stelle werden daher nur die Grundzüge verdeutlicht.

Die beiden nachfolgenden Abbildungen verdeutlichen die Theorie an Praxisbeispielen. **Abb. 36** zeigt das Aussehen einer Fotovorlage, die mit verschiedenen Scanparametern verarbeitet wurde. In der obersten Zeile ist die Scanauflösung bei gleicher Farbtiefe verringert, in der linken Spalte dagegen bleibt die Farbtiefe gleich und die Scanauflösung ist reduziert. Man sieht, dass eine Auflösung von 150 dpi mit einer Farbtiefe von 8 bit eine gute Qualität bei kleinem Speicherplatzbedarf ergibt. Im mittleren Teilbild wurde die Abbildung im Rechner retuschiert, unten rechts sieht man die Bildqualität bei Verwendung der Dither-Technik, die den gleichen geringen Speicherplatz wie eine Strichzeichnung benötigt.

Grundsätzlich kann man auch Pixelgrafiken in ein Vektorformat umwandeln, um von den einzelnen Pixeln unabhängig zu sein. Dabei handelt es sich jedoch um eine mathematisch anspruchsvolle Aufgabe, da dabei aus der lokalen Information einzelner Bildpunkte auf globale im Bild enthaltene Elemente, wie z. B.: Linienzüge, geschlossen werden muss. Heute existiert Software zur Bildvektorisierung, die mit relativ großem Rechenaufwand aus einem Pixelbild eine mehr oder weniger gelungene Vektordarstellung nachbildet. Hier muss man noch manuell nacharbeiten.

Eine solche Vektorisierung ist in **Abb. 37** durchgeführt worden. In der oberen Zeile der Grafik sind die wesentlichen Konturen aus dem Scan-

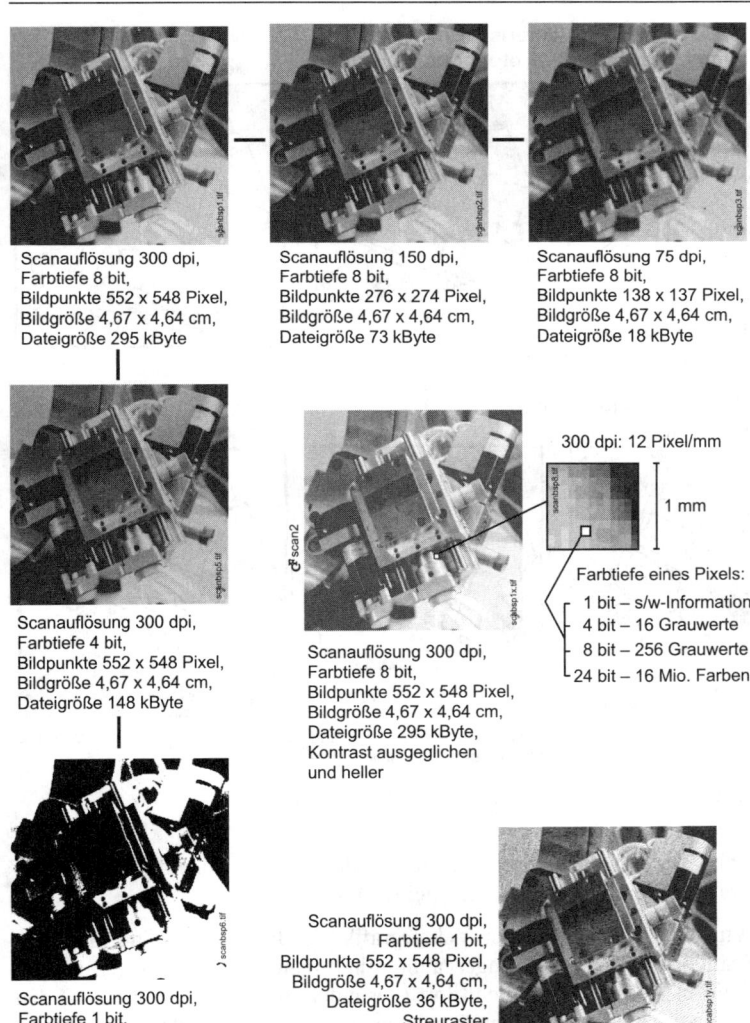

Abb. 36: *Bilddigitalisierung mit verschiedenen Scanparametern*

bild von Abb. 36 im Vektorformat erfasst worden. Die mittlere Skalierung mit V = 1,0 entspricht dabei der Originalgröße. Die Vergrößerung und die Verkleinerung der Vektorgrafik mit einer konstanten Linienstärke von 1 Pt ist ohne Qualitätseinbuße möglich. Die obere Zeile von

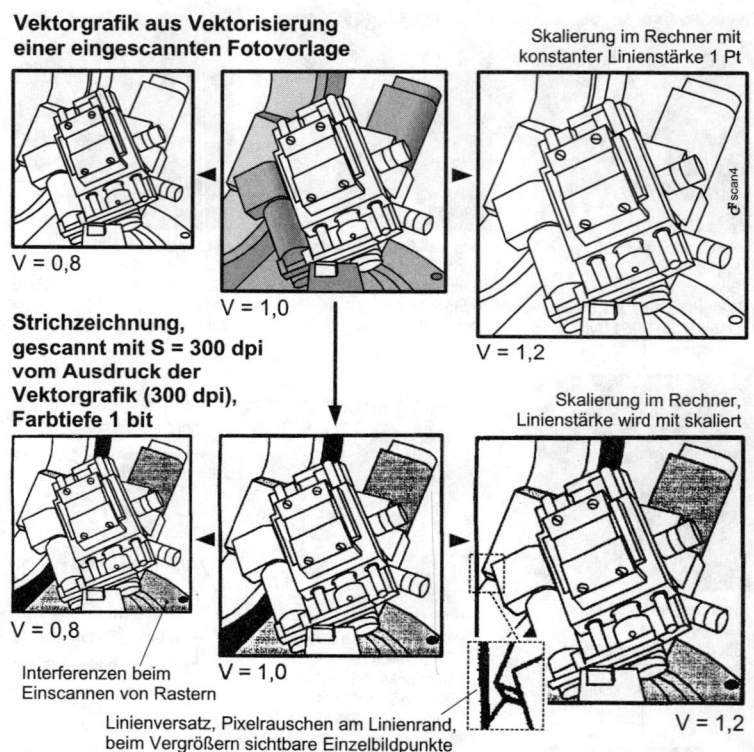

Vektorgrafik aus Vektorisierung einer eingescannten Fotovorlage

Skalierung im Rechner mit konstanter Linienstärke 1 Pt

V = 0,8

V = 1,0

V = 1,2

Strichzeichnung, gescannt mit S = 300 dpi vom Ausdruck der Vektorgrafik (300 dpi), Farbtiefe 1 bit

Skalierung im Rechner, Linienstärke wird mit skaliert

V = 0,8

V = 1,0

Interferenzen beim Einscannen von Rastern

Linienversatz, Pixelrauschen am Linienrand, beim Vergrößern sichtbare Einzelbildpunkte

V = 1,2

Abb. 37: *Vektor- und Pixelgrafik im Vergleich*

Abb. 37 zeigt auch, dass die Verwendung von Flächenfüllungen eine Grafik generell plastischer erscheinen lässt.

Wird der Ausdruck dieser Vektorgrafik als Beispiel für eine mögliche Scanvorlage nochmals eingescannt, erhält man das Ergebnis der unteren Zeile in Abb. 37. Man sieht dort (besonders bei der Vergrößerung) den Punktaufbau der Linien und bei den Rasterfüllungen den sog. Moiréeffekt (Interferenzen beim Scannen von gerasterten Vorlagen). Die Linienbreite und die Bildqualität sind stark von der Vergrößerung abhängig. Hinzu kommt, dass die Bildqualität auch durch Linienversatz beim Scannen leicht schräg verlaufender Linien und durch Pixelrauschen beim Scannen unscharfer Linienränder vermindert wird.

Wegen der gezeigten Effekte muss man beim Einscannen von Diagrammen oder Bildern mit waagerecht bzw. senkrecht verlaufenden Linien darauf achten, dass diese Linien genau auf die Scanrichtung des Scanners ausgerichtet werden, da sonst bei kleinen Differenzwinkeln sichtbare Stufen in den gescannten Linien auftreten. Meist müssen für gute Scanergebnisse die erzeugten Bilddateien im Rechner nachbearbeitet werden (falsche Pixel entfernen bzw. fehlende ergänzen, Bildteile überarbeiten, ergänzen, verschieben, Bildschärfe erhöhen, Kontrast- bzw. Helligkeit einstellen, Moirémuster durch Algorithmen entfernen). Auch kann bei der Bildbearbeitung mit pixelorientierten Grafikprogrammen jederzeit die Bildgröße oder Auflösung und Farbtiefe geändert werden.

Im Bereich der Erstellung von studentischen Arbeiten ist das Scannen von Bildvorlagen noch nicht weit verbreitet, weil diese Technik wegen der notwendigen Hard- und Softwareausstattung bisher nur professionellen Setzereien vorbehalten war. Da sich nun die Bildverarbeitung mit dem Rechner unter dem Stichwort „Multimedia" rasant verbreitet und damit die Ausstattung zumindest für die Hochschulen erschwinglich wird, ist hier in Zukunft eine Änderung zu erwarten. Deshalb sind die Grundzüge der Scantechnik in diesem Leitfaden behandelt. Der Betreuer der Arbeit kann bei Bedarf Auskunft geben, wo ein Scanner zur Verfügung steht.

Als Bildvorlagen kommen in Naturwissenschaft und Technik i. Allg. Zeichnungen aus Fachbüchern und Normenwerken, Grafiken und Fotos aus Bedienungsanleitungen sowie eigene Fotografien infrage. Wenn die Abbildungen aus fremden Literaturquellen entnommen sind, muss dies in der Bildunterschrift kenntlich gemacht sein.

Auch bieten sich Symbolvorlagen zur Verwendung als Pixelgrafik in anderen Grafikelementen an. So sind beispielsweise die Getreidesorten in Abb. 22, S. 69 dem Bildwörterbuch der deutschen Sprache [10] entnommen und die Fahrzeuge in Abb. 7, S. 41 durch Modifikation der Symbole in DIN 70 010 (Systematik der Straßenfahrzeuge) entstanden.

8.4 Messdatenverarbeitung und Berechnungen

Für die Auswertung anfallender Messdaten und für viele Berechnungen sind leistungsfähige Tabellenkalkulationen gut geeignet. Daher sollten diese Aufgaben normalerweise damit erledigt werden, wenn nicht sehr große Datenreihen im Bereich mehrerer Megabyte vorliegen oder ungewöhnliche Rechenoperationen notwendig sind. In vielen Fällen können heute Tabellenkalkulationen mit Makroprogrammierung auch selbst geschriebene Programme ersetzen (Nutzung der komfortablen Softwareumgebung von kommerziellen Programmpaketen).

Eine Tabellenkalkulation besteht aus einem virtuellen Arbeitsblatt mit Tabellenfeldern, gebildet aus einzelnen Zeilen und Spalten. Jedes einzelne Feld enthält Daten oder eine Berechnungsvorschrift und kann individuell formatiert werden. Dabei kann die Berechnungsvorschrift sehr komplex sein, z. B. mit Bezügen auf Zahlenwerte anderer Felder oder Dateien, oder neben den Funktionen der höheren Mathematik auch selbst definierte Funktionen enthalten.

Reichen diese Möglichkeiten nicht aus, so ist meist eine Makroprogrammierung verfügbar, mit der selbst erstellte Programmroutinen in das Arbeitsblatt integriert werden können. Hiermit sind z. B. selbsttätige Entscheidungen im Berechnungsablauf und die Verarbeitung vieler Einflussparameter oft leichter zu erfassen als mit selbst definierten Funktionen.

In der Praxis sind leistungsfähige Tabellenkalkulationen auch deshalb interessant, weil sie i. Allg. eine numerische Gleichungslösung, auch bei nichtlinearen Abhängigkeiten und vielen Variablen, ohne zusätzlichen Aufwand ermöglichen und nicht geschlossen analytisch lösbare mathematische Probleme in Naturwissenschaft und Technik häufig auftreten. Daneben können Veränderungen bei Variationsrechnungen beispielsweise in Differenztabellen aus Ausgangsvariante und Modifikation schnell analysiert werden.

Abgesehen von der Anwendung bei mathematischen Problemen stellen viele Tabellenkalkulationen auch Datenbankfunktionen bereit, mit denen gezielte Abfragen von Informationen nach bestimmten Kriterien möglich sind. Dies kann z. B. bei Literaturrecherchen zur Datenverwaltung hilfreich sein. Liegen sehr große Datenmengen vor, ist allerdings eine Software für Datenbankanwendungen überlegen, da hier die Datensätze vom Rechner anders verwaltet werden.

Die Verwendung von Tabellenkalkulationen hat den Vorteil, dass die Bearbeitung der Daten sehr übersichtlich ist, jederzeit andere Zahlenwerte eingesetzt und die Berechnungsvorschriften leicht modifiziert werden können. Gegenüber dem manuellen Rechnen mit dem Taschenrechner kommt noch hinzu, dass berechnete Daten archiviert, unmittelbar in Diagrammen veranschaulicht und diese direkt in die Dokumentation eingebunden werden können. Für spezielle Diagrammdarstellungen, z. B. mehrdimensionale Funktionen mit geschlossenen Flächen in gekrümmten Koordinatensystemen, ist man i. Allg. auf eine mathematische Software angewiesen.

Voraussetzung für eine effektive Anwendung ist allerdings ein Beherrschen der Grundfunktionen der verwendeten Tabellenkalkulation **(Tab. 27)** und vor dem Beginn der Bearbeitung ein Überlegen der systematischen Anordnung der Daten. Ein Vorteil ist, dass diese Softwarekenntnisse aufgrund der allgemeinen Anwendbarkeit in vielen anderen Fällen auch nach Beendigung der studentischen Arbeit wieder eingesetzt werden können.

1. Hinzufügen, Löschen, Editieren und Formatieren von Tabellenfeldern
2. Bezüge zwischen Tabellenfeldern herstellen und bearbeiten
3. Verwendung der implementierten Funktionen, Eigendefinition von Funktionen
4. Diagrammerstellung (Diagrammarten, Lay-out, Approximationen, Fehlerbalken)
5. Interpolieren von Daten in Tabellenfeldern, numerische Gleichungslösung
6. Datenbankfunktionen, Verwalten, Sortieren und Auswählen von Datensätzen
7. Makroprogrammierung

Tab. 27: *Grundfunktionen von Tabellenkalkulationen*

8.5 Nutzung des Internet

Fast immer ist es zur Erstellung einer guten Arbeit nötig, neueste Informationen zu dem behandelten Themengebiet zu haben. Dazu bieten sich heute neben den klassischen Recherchemöglichkeiten über Bibliotheken, Herstellerkataloge, Informationsschriften, Anfragen bei Verbänden und Institutionen auch die elektronischen Online-Dienste an. Hier hat das zur Zeit stark expandierende Internet für den Austausch von wissenschaftlichen Informationen eine besondere Bedeutung.

Dabei handelt es sich um ein weltweites, dezentrales Computernetz zur Übertragung von Daten mit einem genau definierten Datenübertragungsprotokoll (TCP/IP, Transmission control protocol/Internet protocol). Seit der Entstehung in den 60er- bzw. 70er-Jahren stellen dort Server (Rechner, die gespeicherte Daten verwalten) täglich neue Informationen bereit, die von den Internetteilnehmern abgerufen werden können, und kommunizieren miteinander zum Austausch von Nachrichten. Da die Thematik der Computernetzwerke sehr umfangreich ist, soll an dieser Stelle nur mit einigen Stichworten darauf hingewiesen werden, dass diese EDV-Unterstützung auch bei wissenschaftlichen Arbeiten ein interessantes Hilfsmittel darstellt. Dabei muss der Nutzer heute kein Computerexperte mehr sein. Die Hochschulen und Fachhochschulen haben i. Allg. einen Internetzugang, sodass vom Studenten lediglich die Berechtigung für die Nutzung zu klären ist.

Die Einführung von elektronischen Online-Produktkatalogen (z. B. http://www.elsevier.nl/), die Online-Bereitstellung von Vorlesungsumdrucken und Übungsaufgaben zu Vorlesungen (z. B. http://www.iim.maschinenbau.th-darmstadt.de/mpz/) sowie die Entwicklung von Abrechnungs-

systemen für das Internet (z. B. http://cybercash.com/) sind deutliche An-
zeichen, dass das Internet in Zukunft ein schnelles, universelles und weit
verbreitetes Standardwerkzeug in Ausbildung, Wissenschaft und Geschäftswelt sein wird.

Die drei Internetdienste E-Mail, FTP und World Wide Web (WWW) haben derzeit neben vielen anderen (z. B. Gopher, Archie, Telnet, Hytelnet,
Usenet, Finger, WAIS, Veronica usw.) die größte praktische Bedeutung.
Alle diese Internetdienste können bei studentischen Arbeiten hilfreich
sein (**Tab. 28**). In der Tabelle ist neben der Funktion der drei wichtigsten
Dienste auch die Bedeutung für studentische Arbeiten skizziert. Für alle
benötigt man eine geeignete Software, die entsprechende Funktionen bereitstellt. Bei Rechnern, die ans Internet angeschlossen sind, ist diese jedoch meist standardmäßig installiert. Für grundlegende Details zum Aufbau und den Möglichkeiten des Internet muss man auf die vielfältig verfügbare, ständig wachsende Menge an Fachliteratur verweisen, z. B.
[14], [32]. Bei offenen Fragen helfen Info- und Hilfeseiten im WWW,
eigenes Ausprobieren und eigene Erfahrungen, der Betreuer, die Rechen-
zentren oder die Informatikfachbereiche der jeweiligen Hochschule.

Die komfortabelste Möglichkeit, sich im Internet mit moderner fenster-
orientierter Benutzeroberfläche ohne weitere Vorkenntnisse intuitiv zu
bewegen, bietet das WWW, weshalb hier die größte Zuwachsrate sowohl
an Anbietern als auch an Nutzern zu verzeichnen ist. Nach dem Starten
der Web-Software, eines sog. Browsers (engl. „Herumstöberer"), kann
der Nutzer durch Anklicken von Schaltflächen auf dem Bildschirm, den
sog. Links, von Server zu Server springen und dort die interessierenden
Informationen in sog. Web-Seiten (engl. Web-pages) abrufen, ohne dass
er sich um Rechneradressen, Übertragungsprotokolle und Eingabebefeh-
le kümmern muss. Das Ganze ist durch HTML (Hypertext Markup Language) und http (hypertext transfer protocol) möglich. Um die Möglichkeiten des Internet kennenzulernen, eignet sich das WWW gut zum
„Learning by doing" (es existieren zahlreiche Informationsseiten für Ein-
steiger, vgl. Kap. 9.2).

Abb. 38 zeigt eine Seite im WWW. Vom World Wide Web aus kann
man auch über entsprechende Links E-Mails abschicken, FTP-Operatio-
nen durchführen oder Telnet- bzw. Usenet-Verbindungen aufbauen.

Die grundlegende Hauptaufgabe bei einer Recherche im Internet ist es,
die richtige Information irgendwo auf der Welt angesichts einer rasanten
Dynamik der verfügbaren Daten zu finden. Dazu existieren verschiedene
Internetinformationssysteme, auch „Suchmaschinen" genannt, die nur
zum Auffinden von Daten dienen (vgl. Kap. 9.2). Zum Start einer Suche
eignen sich im WWW meist auch die Hauptseiten (Homepages) der Universitäten gut, da dort oft Links zu Suchmaschinen vorhanden sind. Ein

Internetdienst	Erläuterung
E-Mail (electronic mail)	Empfangen und Absenden von Textdateien mit ASCII-Zeichen (ohne Umlaute) bei bekannter Internetadresse des Empfängers; Übertragung von beliebigen binären Dateien nach ASCII-Codierung und anschließender Decodierung möglich (z. B. Grafikdateien). *Anwendung:* Kontaktaufnahme und Informationsaustausch mit Betreuern, Firmen, Institutionen; besonders interessant bei Arbeiten, die extern oder im Ausland durchgeführt und mit dem Betreuer zu Hause abgestimmt werden müssen.
ftp (file transfer protocol)	Kopieren („Downloaden") von Dateien zwischen Rechnern (Treiber, Software, Utilities, Kataloge und Listings, Grafiken, neueste Virenschutzprogramme, Shareware usw.); die Menge an verfügbaren ftp-Daten ist über viele Jahre gewachsen und damit riesig. Häufig angeforderte Dateien existieren meist auf mehreren Servern an unterschiedlichen Orten, sodass Übertragungszeiten durch kurze Wege und der Datenverkehr im Netz reduziert werden können („Mirror-Server"). Auf ftp-Servern kann man sich in Dateiverzeichnissen wie auf dem eigenen Rechner bewegen; in jedem Verzeichnis ist meist eine Indextextdatei, die über den Inhalt des Verzeichnisses Auskunft gibt. Viele Daten sind in komprimierter Form bereitgestellt, sodass nach Übertragung erst ein „Entpacken" notwendig ist. *Anwendung:* Nutzung neuester Versionen von Software und Treibern, Nutzung aktuellen Datenmaterials, Nutzung von Hilfsprogrammen (z. B. screen-captures) oder verfügbaren Makros; bei EDV-Arbeiten Nutzung bestehender Programmroutinen statt Neuerstellung.
WWW (World Wide Web)	Informationsrecherchen aller Art, z. B. Literaturrecherchen, statistische Informationen, Firmen, Institutionen und Ansprechpartner für Problemstellungen finden, Hotlines nutzen, Markt- und Produktübersicht gewinnen, Anfragen in Diskussionsforen (use groups) durchführen. Immer wieder sind Web-Seiten noch im Aufbau, da sich dieser Dienst ständig erweitert. Auch das schnelle elektronische Publizieren von Nachrichten und neuesten Ergebnissen aus der Forschung ist im Aufbau und wird in Zukunft an Bedeutung gewinnen. *Anwendung:* Schnelles Einbeziehen aktueller Informationen und Daten in die Arbeit.

Tab. 28: *Wichtige Internetdienste*

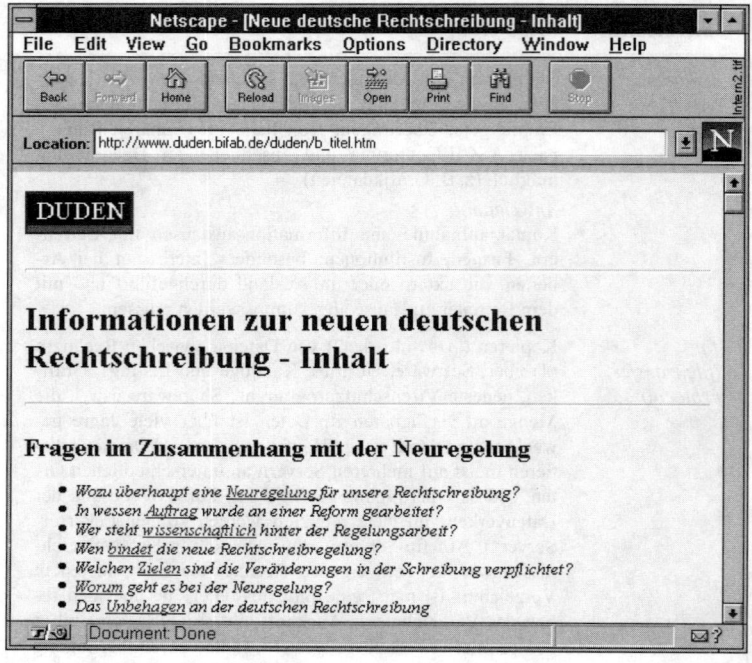

Abb. 38: *Informationsseite des Dudenverlags im WWW*

anderer Weg ist die Anwahl der Web-Seiten von Firmen, Städten, Institutionen oder Verbänden, die zu dem jeweiligen Thema kompetent sind. Weitere Hinweise für wissenschaftliche Fragestellungen geben z. B. auch [5], [36]. Im Anhang dieses Leitfadens sind relevante Internetadressen aufgeführt (Kap. 9.2); im Glossar (Kap. 9.1) sind auch Erklärungen zu Abkürzungen und Begriffen aus der Welt der Computernetze zu finden. In Zukunft wird die Bedeutung der Netzwerke lokal und weltweit stark zunehmen. Neue PC-Software wird bereits für den Zugriff und das Einbinden externer Daten aus Netzen ausgelegt. Daher ist eine studentische Arbeit auch eine gute Gelegenheit für das Sammeln von eigenen Erfahrungen auf diesem Gebiet.

Werden Informationen aus dem Internet in studentischen Arbeiten verwendet, müssen diese im Quellenverzeichnis eindeutig nachgewiesen werden (vgl. Kap. 4.4).

9 Anhang

9.1 Glossar

Das Glossar dieses Leitfadens enthält über 270 Fachbegriffe der Typographie, des Projektmanagements und der EDV, die für die Abwicklung von wissenschaftlichen Arbeiten und die Erstellung von Dokumentationen wichtig, aber zumeist nicht allgemein bekannt sind.

Ablaufdiagramm	Diagrammtyp zur Veranschaulichung zeitlicher Abläufe (Zeitplan, Gantt-Diagramm); Sonderform des Balkendiagramms, engl. schedule chart, Gantt chart (nach Henry Laurence Gantt, 1861–1919)
Ablaufplan	Darstellung des zeitlichen Ablaufs einzelner Teilaufgaben eines Projekts, engl. project schedule, schedule
Abstract	Kurzfassung, Inhaltsreferat, vgl. Kap. 3.1
Abszisse	In Koordinatendiagrammen horizontale Achse zum Auftragen reeller Zahlenwerte der unabhängigen Variablen einer Funktion (x-Achse, engl. horizontal axis, x-axis, abszissa)
Akronym	Abkürzung, die als eigenständiges Wort gebraucht wird, z. B. REM (Rasterelektronenmikroskop), PC (Personal Computer), PAL (Phase Alternating Line), AG (Aktiengesellschaft, Arbeitsgruppe); die Bedeutung ist nicht immer eindeutig
Anonymous FTP	siehe FTP
ANSI-Code	ANSI: American National Standards Institute (diese Organisation genehmigt US-Standards, Mitglied der ISO); im Zusammenhang mit der EDV: 8-Bit-Standardisierung von Textzeichen mit zugeordneten Ziffern, Zeichenumfang 256 Zeichen, in Windows-Umgebung verwendet, schließt 7-Bit-ASCII-Code mit ein
Antiqua	Sammelbegriff für Buchschriftarten mit Serifen (Times, Palatino usw.)
Approximation	Annäherung von Datenpunkten durch eine mathematische Funktion mit möglichst kleiner mittlerer Abweichung
Archie	Auskunftsystem zu verfügbaren FTP-Daten im Internet; hält Listings bereit, auf welchen Servern welche Dateien per FTP abgerufen werden können; Nutzung z. B. über WWW: http://www.archie.th-darmstadt.de
ASCII	American Standard Code for Information Interchange; Standardisierung von Textzeichen in Zeichensätzen durch zugeordnete Ziffern, ursprünglich 7-Bit, d. h. ein Zeichenumfang von 128 Zeichen, später 8-Bit (256 Zeichen), Sonderzeichen sind nicht einheitlich (länderspezifische Unterschiede)

Aufzählung	Stichpunktartige Auflistung von Schlagworten, Satzteilen oder Sätzen; durch Absätze mit Nummerierung oder Aufzählungszeichen strukturiert, engl. listing
Aufzählungszeichen	Zeichen zur Hervorhebung der einzelnen Absätze in einer Aufzählung, i. Allg. Spiegelstrich oder Großpunkt, engl. bullet
Ausrichtung, Ausschluss	Horizontale Ausrichtung einer Textzeile: links, rechts, zentriert oder Blocksatz, engl. line orientation
Auszeichnung	siehe Schriftstil
Autorenkatalog	Katalog von Publikationen, sortiert nach Autoren zum Auffinden von Literatur in Bibliotheken
Back-up	Sicherungskopie von Datei(en) zum Schutz vor Datenverlust
Balkendiagramm	Diagrammtyp zur Veranschaulichung von reellen Funktionswerten y zu diskreten Größen x einer Reihe, engl. bar diagram
Betriebssystem	Grundlegende Software zum Betrieb eines Computers (Koordination der Hardwarekomponenten und der Anwendersoftware sowie Verwaltung des Datenflusses)
Bezier-Kurven	Verbindung zweier Endpunkte durch eine Kurve mit einstellbarer Krümmung; Verwendung in Vektorgrafikprogrammen zum Zeichnen von Kurven mit der Interpolation nach dem Mathematiker Bezier
Bibliographie	Verzeichnis von Veröffentlichungen (ggf. zu einem Thema)
Bilddigitalisierung	siehe Scannen
Bildschirmabbildung	Ausdruck einer Bildschirmdarstellung auf Papier (Hardcopy)
Bildunterschrift	Inhaltliche Kurzbeschreibung eines Grafikelements, unter dem Element angeordnet, enthält meist auch eine Nummerierung
Blocksatz	Form des Schriftsatzes mit gleichen Zeilenlängen durch variable Wortzwischenräume (Randausgleich); für eine gute Lesbarkeit müssen lange Wörter unbedingt getrennt werden, engl. block format
BMP-Dateiformat	Bitmap-Format; besonders unter der Arbeitsoberfläche Windows als Dateiformat für das Speichern von Pixelgrafiken verwendet (z. B. Bildschirmgrafiken im Hintergrund); als Austauschformat für beliebige Pixelgrafiken wird hauptsächlich das TIFF-Format eingesetzt
Bold	Fette Schrift (engl.)
Brainstorming	Bezeichnung für die intuitive Erarbeitung einer Problemlösung durch Sammeln und Modifizieren spontaner Ideen, setzt i. Allg. einen gewissen Erfahrungshorizont voraus; wörtlich: Geistesblitz (engl.)

Brotschrift	siehe Werkschrift
Bundsteg	Unbedruckter Rand zum Binden auf der Innenseite von Druckseiten
CAD	Computer-Aided Design (EDV-gestütztes Konstruieren), Sammelbegriff für das Erstellen von Konstruktionsunterlagen mit der EDV (Zeichnungserstellung, Dokumentation, Stücklisten usw.), dabei wird unter dem Begriff CAE (Computer-Aided Engineering) eine durchgängige Informationskette von der ersten Idee bis zum fertigen Produkt angestrebt inkl. Auslegungsrechnung, Arbeitsvorbereitung, Fertigungsplanung, Fertigung, Qualitätskontrolle, Controlling usw.
Capture	Bitmap-Grafik eines Monitorbilds (meist als Datei abgespeichert), auch Screenshot genannt
Cicero	Bezeichnung für die Schriftgröße von 12 Pt
Client	Computer oder Software, die bei einem anderen Computer oder einer anderen Software Daten anfordert, z. B. Formeleditor als Client einer Textverarbeitung oder Rechner, der per FTP bei einem Server die Übertragung einer Datei anfordert
Computervirus	Von Personen erstelltes Programm, das sich selbst auf Datenträgern ausbreitet, indem es sich an andere Programmdateien anhängt und so ein Teil von Dateien oder Systemverzeichnissen wird (wie ein Virus in der Biologie ein Teil der befallenen Zelle wird). Es werden Programmviren und Systemviren unterschieden. Fast immer stören aktive Computerviren die Arbeit mit dem betroffenen Rechner oder/und zerstören bestehendes Datenmaterial
Condensed	Schmale Schrift (engl.)
Courier	Bezeichnung für eine bestimmte Schriftart mit festem Zeichenabstand; durch ausgeprägte Serifen sind alle Textzeichen gleich breit; entspricht dem Schriftbild einer Schreibmaschine
Datenbank	Bereitstellung und Verwaltung von Daten(sätzen) zu einem Themenfeld, die unter bestimmten Auswahlkriterien abgerufen werden können, z. B. verfügbare Literatur zum Themenfeld Dokumentationstechnik. Ein Datensatz umfasst dann z. B. Autor, Titel, Erscheinungsweise, Keywords zum Inhalt; bei der Nutzung der Datenbank können z. B. alle Publikationen zu einem Keyword oder eines Autors abgerufen werden. Datenbanken gewinnen immer mehr an Bedeutung, da nur so große Mengen an Informationen schnell verwaltet werden können (z. B. Materialdatenbank, Patentdatenbank, Gesetzesdatenbank), engl. data bank, data base
Datensicherung	Sichere Ablage von schriftlichen Materialien und Daten; im Bereich der EDV die Erstellung einer Sicherungskopie

vom Datenmaterial auf externen Datenträgern (z. B. Diskette, Magnetband) zum Schutz vor Datenverlust bei Software- oder Hardwaredefekten

Decision-Tree-Analysis Managementtechnik zur Entscheidungsfindung bei Unsicherheit in der Erreichung der Ziele, z. B. Auswahl einer Produktpalette bei unbekannter Marktentwicklung; mögliche Entscheidungen werden in einem Entscheidungsbaum erfasst und mit Wahrscheinlichkeiten bewertet

Deleatur Lateinisch „es werde entfernt"; Bezeichnung des Korrekturzeichens zum Löschen von Textteilen (vgl. Kap. 5)

Diakritische Zeichen Zeichen, die keine Ziffern und keine Textzeichen sind, z. B. %, $, & sowie Akzentzeichen (á), Trema (ë) usw.

Dickte Breite, die von einem Textzeichen inklusive Freiraum benötigt wird (entsprechend der Letter im früheren Setzkasten)

Digitaltechnik Bereich der Regelungstechnik, der sich mit der Messung, Auswertung und Regelung digitaler Signale (mit diskreten Zahlenwerten) beschäftigt

DIN A 4 Papierformat nach DIN 476: 21,0 cm × 29,7 cm; andere DIN-Papierformate siehe Abb. 30, S. 102

Dither-Technik Spezielles Rasterverfahren ohne zeilenförmige Rasterauflösung für eine gute Bildwiedergabe bei geringer Druckauflösung, vgl. Kap. 8.3.3 (auch Diffusionsraster, Kornraster, Streuraster genannt, engl. dithering). Ziel ist, die Punktdichteverteilung zur Simulation von Grautönen statt in einem festen Rastermaß den Objektkonturen anzupassen; bekannte Algorithmen sind Bayer-Algorithmus, Floyd-Steinberg-Algorithmus, Stucki-Algorithmus. Die Algorithmen unterscheiden sich im erforderlichen Rechenaufwand und in der erreichten Qualität

Divis Bindestrich

Dokumentation Schriftliche Niederlegung aller wesentlichen Informationen zu einem Projekt oder Produkt, engl. documentation

DOS Disc Operating System, bis heute am meisten verbreitetes EDV-Betriebssystem für IBM-kompatible PCs, 1979 entwickelt, ab 1981 von der Firma Microsoft ständig erweitert, in den 80er-Jahren durch die grafische Benutzeroberfläche Windows ergänzt; inzwischen existiert eine Reihe neuer Betriebssysteme für PCs (Windows 95, OS/2)

dot siehe Pixel

dpi Dots per inch (1 inch = 25,4 mm), Einheit zur Angabe von Punktauflösungen bei der Bild- oder Schriftwiedergabe, z. B. auf Druckern (oft 300, 600 dpi), Bildschirmen (oft 70 dpi) oder in Pixelgrafikdateien (150–2400 dpi)

Druckauflösung Anzahl der Bildpunkte pro Strecke des Druckers auf dem Papier, Einheit dpi, engl. printing resolution

DTP

Desktoppublishing, wörtl. „Publizieren am Schreibtisch", Erstellung druckreifer Dokumente mit Illustrierung und Lay-out am PC

Durchschuss

Größe des Freiraums zwischen zwei Zeilen; exakt als Abstandsmaß zwischen Kegelober- und Kegelunterkante von Buchstaben in aufeinander folgenden Textzeilen definiert (vgl. Abb. 12, S. 51); auch Zeilendurchschuss genannt; engl. leading

Editieren

Sammelbegriff für das Ändern von Inhalten einer Datei, z. B. in einem Text oder Grafikelement, engl. editing

Einbetten

Speichern von Informationen (Objekten) aus unterschiedlichen Programmen in einer Datei, z. B. Grafiken in Textdateien

Einspaltentext

Textanordnung mit nur einer Spalte auf einer Seite, bei studentischen Arbeiten für den Haupttext verwendet; Gegenteil ist der Mehrspaltentext, z. B. in Sachwortregistern oder bei Zeitungen

Einzug

Einrückung von Zeilen oder Absätzen am rechten oder linken Seitenrand, immer angewendet in Aufzählungen, engl. indenting of paragraphs

E-Mail

Versenden von Nachrichten von Computer zu Computer über ein Netzwerk mit Übertragungsprotokoll und Mailingsoftware; wichtiger Dienst im Internet

Entscheidungsmatrix

Hilfsmittel zur Entscheidungsfindung bei gut abschätzbaren Bewertungskriterien und bekannten Lösungsalternativen, vgl. Kap. 2.2; auch als Punktbewertungsverfahren oder Scoringmodell bezeichnet

EPS-Dateiformat

Encapsulated Postscript; Dateiformat zur Speicherung von Vektorgrafiken mit ASCII-Zeichen, nutzt die Programmiersprache Postscript zur Beschreibung von Grafikinhalten, Verwendung vor allem zum Austausch zwischen postscriptfähigen Ausgabegeräten im DTP; es existieren verschiedene Modifikationen im Dateiformat

Explosionszeichnung

Dreidimensionale Zeichnung eines Bauteilsystems, bei dem die Einzelteile einzeln so angeordnet sind, dass man den zusammengebauten Zustand erkennen kann; i. Allg. aufwendige Erstellung mit dreidimensional ausgelegter CAD-Software

Extended

Breite Schrift (engl.)

FAQ

Abkürzung für „Frequently Asked Questions" (häufig gestellte Fragen); Bezeichnung für Links zu grundlegenden Informationen im Internet

Farbpalette

Zur Verfügung stehende Farben in einer Softwareanwendung

Fehlerschranke

Zahlenintervall, in dem alle betrachteten Zahlenwerte liegen einschließlich ihrer Ungenauigkeit

Filter	Im EDV-Bereich Bezeichnung für Hilfsprogramme, die spezielle Dateiformate lesen bzw. für den Einsatz in einem anderen Programm konvertieren, meist in Softwarepaketen integriert
Finger	Befehl des Betriebssystems UNIX zum Abruf von Informationen über in einem System angemeldete Benutzer
Flattersatz, -rand	Form des Schriftsatzes mit ungleichen Zeilenlängen durch gleichmäßige Wortabstände; Gegenteil ist der heute bei längeren Texten verbreitete Blocksatz mit Randausgleich
Flussdiagramm	Ablaufstrukturplan; grafische Darstellung von Abläufen und Wechselwirkungen durch Symbole; ein Flussdiagramm hat immer Anfang und Ende, verwandt ist das Struktogramm, engl. flow diagram
Font	Datei mit Daten eines Zeichensatzes
Formatierung	Gesamtheit aller Attribute von Text- und Seitenelementen in einem Dokument, wie z. B. Schriftart, Schriftstil, Zeilenausrichtung usw., engl. formatting
Formeleditor	Software zur Erstellung von Formelausdrücken mit skalierbaren Sonderzeichen und beliebiger Positionierung gemäß den Regeln für den Formelsatz
FTP	File Transfer Protocol; allgemein auch als Bezeichnung für die Übertragung von Dateien zwischen Computern über das Internet mit einem definierten Übertragungsprotokoll verwendet. Das Protokoll ermöglicht die Verständigung und schließt Übertragungsfehler aus; normalerweise muss der Client eine Zugangsberechtigung zum Server haben; ist dies nicht der Fall, spricht man vom „anonymous ftp"
Fußnote	Erläuterung zu einem Begriff, einer Aussage oder einem Seitenelement, die am Ende der Seite angeordnet ist, um den Lesefluss im Text nicht zu stören; meist bei längeren Ergänzungen, engl. footnote
Fußzeile	Textzeile am unteren Seitenrand auf jeder Seite einer Druckschrift, die ähnlich der Kopfzeile Informationen über das Dokument enthält, z. B. Druckdatum, Dateiname oder Kennziffern in Formularen, bei studentischen Arbeiten unüblich, engl. foot line
Geviert	Relative typographische Längeneinheit, bezogen auf eine Schriftart, 1 Geviert entspricht der Zeichengröße des Zeichens @ im betrachteten Schriftsatz, d. h., 1 Geviert entspricht dem jeweiligen Schriftgrad (z. B. 12 Pt); wichtig für die Laufweite von Schriftzeichenfolgen und Abständen, z. B. wird der Gedankenstrich als Halbgeviertstrich ausgeführt
Gliederung	Abfolge und Hierarchie der einzelnen Kapitel einer Druckschrift

Gliederungsebene	Einordnung des Kapitels in die Gliederungshierarchie
Glossar	Alphabetisch sortierte Sammlung von Fachbegriffen mit Erklärung und/oder Übersetzung
Gopher	Informationsdienst im Internet; mit Menüs wird auf Informationen von anderen Gopher-Servern verwiesen; wird zunehmend durch das komfortablere WWW abgelöst; Beispiel: gopher://gopher.tu-clausthal.de
Grafikelemente	Zusammenfassender Begriff für Tabellen, Abbildungen, Diagramme und Formeln in einer Druckschrift
Grauwertabbildung	Abbildung, die außer den Farben Schwarz und Weiß auch Grautöne enthält (Halbtöne), engl. grey scale image
Grotesk	Bezeichnung für Schriftfamilien ohne Serifen und ohne kalligraphische Linien (z. B. Helvetica, Sans Serif, Univers)
Grundschrift	siehe Werkschrift
Haarlinie	Bezeichnung einer minimalen Linienstärke in Grafikprogrammen; die wirkliche Linienbreite hängt vom jeweiligen Drucker ab; aus diesem Grund sollte man besser definierte Linienstärken verwenden
Halbfett	Schriftattribut zur Hervorhebung einer Textpassage; bei PC-Textverarbeitungen bisher nicht gebräuchlich
Halbtonabbildung	Abbildung mit Grautönen oder Mischfarben, die für die Reproduktion gerastert werden müssen, engl. halftone image
Halbtonvorlage	siehe Halbtonabbildung
Hängender Einzug	Absatz mit eingerückten Zeilen, bei dem die erste Zeile nach links heraushängt, z. B. bei nummerierten Aufzählungen
Hardcopy	Ausdruck von Computerdaten auf Papier, meist als Bezeichnung für die niedrig aufgelöste Kopie einer Bildschirmseite verwendet
Haupttext	Gesamtheit aller Kapitel mit zusammenhängenden Texten zum Hauptthema einer Arbeit ohne Titelei und ohne Anhang
Helvetica	Bezeichnung für eine bestimmte serifenlose Schriftart, vom Schweizer Max Meidinger 1957 entwickelt, neutraler Charakter; aus juristischen Gründen existieren zahlreiche sehr ähnliche Schriftarten unter anderen Bezeichnungen (Swiss, Arial)
Hervorhebung	Besondere Kenntlichmachung von Textpassagen durch Schriftattribute, z. B. fett, kursiv; engl. outlining
Histogramm	Grafische Darstellung einer abschnittweisen Häufigkeitsverteilung, meist mit Balken, vgl. Abb. 18, S. 63
Homepage	Hauptseite eines Informationsanbieters im WWW

Host	Computer in einem Netzwerk, auf dem Datenbanken liegen; auch Begriff für einen Anbieter von Datenbanken (z. B. FIZ Technik)
HPGL-Dateiformat	Hewlett Packard Graphics Language; Dateiformat zur Erfassung von Vektorgrafiken mit Linienzügen für die Ansteuerung von Plottern; auch als Austauschformat für Vektorgrafiken verbreitet; durch die Verwendung von ASCII-Zeichen große Dateigrößen
HPPCL	Seitenbeschreibungssprache zur Ansteuerung von Laserdruckern, von der Firma Hewlett Packard entwickelt; neben Postscript sehr verbreitet
HTML	Hyper Text Markup Language; Sprache zur Erstellung von Hypertext-Dokumenten im WWW mit Links, die beim Anklicken Aktionen auslösen
HTTP	Hyper Text Transfer Protocol; Protokoll zur Übertragung von Seiten im WWW; deshalb beginnen WWW-Adressen mit „http:"
Hurenkind	Druck der letzten Zeile eines Absatzes auf neuer Seite; ein solcher Seitenumbruch ist zu vermeiden; engl. orphan
Hyperlink	Hervorgehobener Text oder Schaltflächen in WWW-Seiten, die logische Verknüpfungen zu anderen Seiten im WWW herstellen oder Aktionen auslösen, auch einfach Link genannt
Hypertext	Textdokumente, die Hyperlinks (Links) enthalten; Anwendung im WWW
Icon	siehe Piktogramm
Impressum	Vermerk über Drucker und Verleger bei Büchern, bei periodischen Druckwerken (Zeitschriften) auch Angabe zur Erscheinungsweise und Redaktion, auch Druckvermerk oder Pflichteindruck genannt, engl. editorial panel
Index	(Sachwort-)Register
Initial(e)	Besonders hervorgehobener, meist gesondert gestalteter Anfangsbuchstabe eines Absatzes; in wissenschaftlichen Texten nicht verwendet
Internet	Weltweites, dezentrales Computernetz zur Bereitstellung von Informationen und Dienstleistungen sowie Übermittlung von Nachrichten, entstanden Ende der 60er-Jahre in den USA mit dem Vorläufernetz ARPANET des Verteidigungsministeriums. Heute rasant gestiegene Nutzung des Internet durch vielseitige Informationssysteme und komfortable Software (z. B. WWW-Browser)
Interpolation	Annäherung von diskreten Funktionswerten durch eine stetige Funktion (meist Polynome); die Interpolationsfunktion schneidet alle zugrunde liegenden Stützstellen
Interpunktion	Zeichensetzung, engl. punctuation

Intranet	Ein nicht öffentlich zugängliches Computernetz, mit dem (z. B. unternehmensintern) der Informationsaustausch organisiert wird; das Wort ist in Analogie von der Bezeichnung Internet abgeleitet
IP	siehe TCP/IP
ISBN	Internationales Standardbuchnummernsystem zur Kennzeichnung von Buchwerken, festgelegt in DIN 1462, setzt sich zusammen aus: Gruppennummer – Verlagsnummer – Titelnummer – Prüfziffer; stets 10 Stellen
ISO	International Standardization Organisation, verantwortlich für die Erstellung von internationalen Regelwerken, ähnlich dem DIN in Deutschland; heute werden zunehmend Normen national und international einheitlich geregelt, z. B. ISO 9000 und DIN ISO 9000
ISSN	Internationale 8stellige Standardnummer für fortlaufende Sammelwerke, z. B. Zeitschriften, festgelegt in DIN 1430
Italic	Kursive (engl.)
Java	Objektorientierte Programmiersprache zur Erstellung plattformunabhängiger Software, vor allem für interaktive Web-Seiten im Internet
Job	Programmauftrag in der EDV, z. B. wird das Drucken einer Seite als Druckjob bezeichnet
Kalligraphische Linie	Linie mit wechselnder Linienbreite
Kapitälchen	Großbuchstabe mit der Höhe von Kleinbuchstaben, engl. small caps
Kardinalzahlen	Ziffern zur Zahlendarstellung
Kegel	In der Drucktechnik die Grundkörper, auf denen die Lettern für den Setzkasten aufgebracht sind; in der modernen Satztechnik nur noch als Begriff verwendet, engl. type body
Kegeloberkante	Bezugslinie im Schriftsatz (vgl. Abb. 12, S. 51)
Kegelunterkante	Bezugslinie im Schriftsatz (vgl. Abb. 12, S. 51)
Keil	Angepasste Wortabstände oder Zeilenabstände zum vollständigen Füllen eines Satzspiegels (horizontaler und vertikaler Keil)
Kerning	Siehe Unterschneidung
Kolloquium	Fachgespräch, bei studentischen Arbeiten meist als Abschluss der Arbeit mit Vortrag über die Untersuchungen durchgeführt
Kompress	Zeilenabstand ohne Durchschuss; für Dokumentationen i. Allg. zu gering
Koordinatendiagramm	Kartesisches Koordinatensystem zur Veranschaulichung von reellen Wertepaaren mit Datenpunkten oder/und Kurvenzügen; engl. graph, line chart; Balkendiagramme sind keine Koordinatendiagramme

Kopfzeile	Wiederkehrende Textzeile am oberen Seitenrand auf jeder Seite einer Druckschrift, die durch Angabe der Kapitelnummer und -bezeichnung sowie der Seitenzahl die jeweilige Position im Dokument mitteilt, engl. page heading
Korpus	Bezeichnung für die Schriftgröße von 10 Pt
Korrekturzeichen	Zeichen für Korrekturhinweise in Texten, festgelegt in DIN 16 511, engl. abbreviations for correction instructions
Kreisdiagramm	Diagrammtyp zur Veranschaulichung von Anteilen an einer Gesamtheit, engl. circular diagram, pie chart
Kurzfassung	Gibt die wichtigsten Inhalte einer Arbeit in knapper, neutraler Form auf maximal einer Seite wieder; engl. abstract
Laserdrucker	Schnelles Ausgabegerät auf DIN A4 oder DIN A3 für hohen Seitendurchsatz, meist s/w, Auflösung meist bis 600 dpi; durch einen fokussierten Laserstrahl wird eine Ladungsverteilung auf einer Druckwalze erzeugt, über die der Toner in der gewünschten Verteilung auf eine Seite aufgebracht und eingebrannt wird, engl. laser printer
Laufweite	Drucklänge einer Zeichenfolge; wird neben den Zeichen- und Wortabständen durch den verwendeten Zeichensatz bestimmt, z. B. ist die Laufweite der Times-Schriften geringer als die der Helvetica-Schriften
Lay-out	Bezeichnung für das Erscheinungbild einer Druckseite aufgrund der Plazierung und Gestaltung der Seitenelemente, engl. page design
Legal	Papierformat 8,5 inch × 14 inch (ähnlich DIN A4)
Legende	Erläuterung und Zeichenerklärung in Grafikelementen, meist in Abbildungen und Diagrammen, engl. legend
Lektorat	Kontrolle eines Textdokuments auf inhaltliche und formale Fehler; bei Verlagen auch Bezeichnung für die Abteilung zur Betreuung geplanter Publikationen, engl. revising
Letter	Papierformat 8,5 inch × 11 inch
Ligatur	In einem Zeichen zusammengefasste Buchstaben, z.B. Æ
Link	siehe Hyperlink
Literaturdatenbank	Verwaltung von Literaturangaben, heute meist mit geeigneter Software per EDV realisiert, vgl. auch Datenbank
Literaturrecherche	Ermittlung von Publikationen zu einem Fachthema
lpi	Einheit zur Angabe der Rasterauflösung (lines per inch); Anzahl der Rasterlinien pro inch zur Wiedergabe von Halbtonabbildungen auf s/w-Druckern
Majuskel	Großbuchstabe
Makro	Kurzform für Makroprogramm; enthält sequentiell bear-

beitete Programmierbefehle zum Steuern einer Anwendungssoftware, z. B. bei einer Tabellenkalkulation zum Auswerten von Daten in Feldern; die Makroprogrammierung zur Automatisierung und zur Anpassung an komplexe Aufgaben ist besonders bei Textverarbeitung, CAD und Tabellenkalkulation verbreitet

Manuskript	Vorlage für eine Veröffentlichung, früher handschriftlich (daher die Bezeichnung), heute meist mit Textverarbeitung erstellt und so über Datenträger auch maschinenlesbar, engl. manuscript
Marginalie	Randspalte auf einer Seite (oft in Handbüchern für zusätzliche Erläuterungen oder Symbole verwendet)
Maßbalken	Strecke in Abbildungen zur Erfassung der Abmessungen mit Angabe der Längenausdehnung im Bild; da der Maßbalken mit skaliert wird, bleibt die Angabe auch beim Vergrößern oder Verkleinern der Abbildung richtig, engl. bar scale, dimension scale, micron marker
Mehrspaltentext	Textanordnung mit mehreren Spalten auf einer Seite, sog. Zeitungssatz
Minuskel	Kleinbuchstabe
Mirrorserver	Server, der eine Kopie der Informationen von einem anderen Server enthält (gespiegelte Dateien); Ziel ist die Bereitstellung häufig nachgefragter Daten an verschiedenen Orten, um den Datenverkehr gering zu halten und die Übertragungsgeschwindigkeit zu erhöhen
Mittellänge	Abstandsmaß im Schriftsatz (vgl. Abb. 12, S. 51)
Moiréeffekt	Auslöschungen und Verstärkungen in Rasterflächen (Interferenzen) bei reproduzierten gerasterten Bildvorlagen, z. B. beim Scannen von gerasterten Bildern
Monographie	Wissenschaftliche Darstellung eines einzelnen Problems oder einer Person in einem abgeschlossenen Werk (griech. „Einzelbeschreibung")
morphologische Analyse	Managementtechnik zur Erarbeitung von Lösungsvorschlägen aus einer Vielzahl von Teilbeiträgen (Lösungsbausteinen); in einem Zuordnungsschema (Matrix) werden in Zeilen alle benötigten Teilfunktionen oder Teilschritte (z. B. einer Konstruktion oder eines Vorhabens) eingetragen; bei Konstruktionen können Teilfunktionen z. B. Antrieb, Bedienung, Wartung, Kosten usw. sein; in den Spalten werden die möglichen Lösungsbausteine (z. B. Elektromotor, Verbrennungsmotor, Turbine für die Teilfunktion Antrieb) aufgelistet. Alle Lösungsvorschläge ergeben sich aus der vertikalen Verbindung jeweils eines Lösungsbausteines aus jeder Zeile; diese Lösungsvorschläge können mit einer Entscheidungsmatrix bewertet werden (vgl. Kap. 2.2, dort als Lösungsalternativen bezeichnet)

Multitasking	Gleichzeitiges Ausführen mehrerer Programme im Speicher eines Rechners; erfordert ein dafür ausgelegtes Betriebssystem
Nadeldrucker	Ausgabegerät zum Bedrucken von Seiten oder Endlospapier durch Druckstifte (meist 9 oder 24 Nadeln), mit denen die Druckfläche zeilenweise abgescannt wird; beim Ausfahren der Druckstifte wird über ein dazwischen liegendes Farbband auf dem Papier eine Schwärzung erzeugt; Aufbau ähnlich dem einer Schreibmaschine, begrenzte Druckqualität und Druckgeschwindigkeit, engl. dot matrix printer
Nomogramm	Einfaches Rechenhilfsmittel in Diagrammform zum Ablesen von Funktionsergebnissen aus sich schneidenden Netzlinien
Nullpunktunterdrückung	Achsenskalierung bei Diagrammen, die einen Achsenausschnitt ohne Nullpunkt zeigt
Numerik	Teilgebiet der Mathematik, das sich mit Berechnungen aus diskreten Zahlenwerten beschäftigt, wie sie z. B. in der EDV vorliegen
Objekt	„Handhabbares Informationspaket" mit bestimmten Eigenschaften, z. B. Zeichnungselement in Vektorgrafikprogrammen; auch Grafikelement beim Einbinden in eine Textdatei oder Begriff für eine ganze Datei in der Terminologie neuer Betriebssysteme; bei objektorientierten Programmiersprachen bezeichnen Objekte einzelne Prozesse, die mit eigenen Operationen und Zuständen Aktionen im Programm ausführen
OCR	Optical Character Recognition; Erkennung von Textzeichen in Pixelgrafiken nach Einscannen mit entsprechender Software; erspart das Abtippen, erfordert jedoch immer eine Kontrolle auf Erkennungsfehler
OPAC	Online Public Access Catalog; meist Bibliothekskataloge, auf die per EDV ohne besondere Zugangsberechtigung zugegriffen werden kann
Ordinate	Vertikale Achse für abhängige Variablen in Koordinatendiagrammen, vgl. auch Abszisse, engl. vertical axis, y-axis
Organigramm	Grafische Darstellung von Hierarchien, Sonderform des Struktogramms, engl. organization chart
Overheads	Bezeichnung für Overheadfolien (engl., auch viewgraphs, transparencies)
Pagina	Seitenzahl
Paginierung	Seitenzählung, engl. page numbering
Papiergröße, -format	Abmessungen einer Druckseite, bei studentischen Arbeiten üblicherweise DIN A 4 Hochformat

Petit — Bezeichnung für die Schriftgröße von 8 Pt, franz. klein

Pica — Typographisches Längenmaß im englischsprachigen Raum (1 Pica = 4,23 mm), auch Bezeichnung für eine Schriftart ähnlich der Courier

Piktogramm — Sinnbild mit festem Informationsgehalt ähnlich einer Zeichensprache, engl. icon

Pixel — Bildpunkt, bei einer Auflösung von 300 dpi entspricht ein Pixel einer Fläche von etwa 0,085 mm × 0,085 mm, abgewandelte Kurzform für „picture elements"

Pixelgrafik — Grafik, die im Rechner über einzelne Bildpunkte gespeichert ist

Polardiagramm — Koordinatendiagramm mit einem Koordinatensystem in Zylinder- oder Kugelkoordinaten, engl. circular diagram, clockface diagram

Polynom — Allgemeine Form einer Potenzfunktion mit der höchsten auftretenden Potenz vom Grad n, verwendet für die Interpolation von beliebigen Funktionen

Portfolioanalyse — Managementtechnik der Betriebswirtschaft zur Entscheidungsfindung: Ein Portfolio ist i. Allg. die Gesamtheit aller Einzelinvestitionen (bzw. verschiedener Projekte, Strategien oder Aktivitäten); Ziel der Portfolioanalyse ist die Verlustrisikominimierung durch optimale Kombination der einzelnen Aktivitäten. Dazu werden die jeweiligen Erfolgswahrscheinlichkeiten abgeschätzt und die gegenseitige Wechselwirkung der Projekte untereinander berücksichtigt. Ein Portfolio kann sich auch auf andere Kriterien beziehen, z. B. Risikoportfolio, Ressourcenportfolio, Marktdominanzportfolio usw. Typischerweise werden Portfolioanalysen zur Festlegung des optimalen Produktprogramms für ein Unternehmen eingesetzt; im Rahmen von studentischen Arbeiten i. Allg. keine Verwendung

Postscript — Leistungsfähige Programmiersprache zum Ansteuern von geeigneten Laserdruckern und professionellen Laserbelichtern; entwickelt von der Firma Adobe

Präsentation — Vortrag mit Anschauungsmaterial, engl. (oral) presentation

Proceedings — Tagungsschriften

Projekt — Nach DIN 69 901 ein im Wesentlichen einmaliges Vorhaben mit Zielvorgabe, zeitlicher und anderen Begrenzungen sowie projektspezifischer Organisation, engl. project

Projektmanagement — Planung, Überwachung und Steuerung von Projekten nach DIN 69 901, engl. project management

Projektstrukturplan — Darstellung der Projektstruktur anhand des Zusammenwirkens der einzelnen Teilaufgaben, engl. project structure, project milestones

Punkt, Pt	Typographische Längenmaßeinheit, durch Firmin Didot 1775 eingeführt; 1 Pt = 0,375 mm; heute existieren zahlreiche leicht modifizierte Maßeinheiten; vgl. Kap. 4.1
Punktbewertungsverfahren	siehe Entscheidungsmatrix
Punze	Geschlossene Fläche in Textzeichen (Binnenraum), z. B. bei A, p usw.
Quellentext, Quelltext	Bezeichnung für den Befehlscode zu einem Programm, der mit einem Compiler in Maschinenbefehle zur Programmausführung umgesetzt wird
Queue	In der EDV Bezeichnung für Warteschlange, z. B. werden mehrere Druckjobs für einen Drucker in eine Printerqueue eingereiht und nacheinander abgearbeitet
Raster	Gitternetz zur Erfassung von Grau- oder Farbtönen bei Abbildungen, engl. screen
Rasterauflösung	Anzahl der Rasterpunkte pro Strecke zur Simulation von Grauwerten; verkleinert die wirksame Druckauflösung beim Drucken von Halbtonabbildungen, Einheit lpi
Rasterbild	Bild aus einzelnen schwarzweißen Bildpunkten mit unterschiedlicher Bildpunktdichte zur Simulation von Grautönen oder Farben, engl. screen image, halftone copy
Rastertyp	Festlegung der Umsetzung von Grau- oder Farbwerten mit Rasterflächen durch Wahl der Form der Rasterpunkte, Rasterauflösung und Rasterwinkel
Rasterunterlegung	Unterlegung von Schrift oder Bild mit Rasterflächen
Rasterweite	Rasterauflösung in lines per inch (lpi); je nach Rastertyp ist diese immer geringer als die Auflösung der Grauwert- oder Farbvorlage, engl. screen aperture
Register	siehe Sachwortregister
RGB	Farbmischverfahren aus Tausendstelanteilen der Farben Rot, Grün und Blau
Rubrik	Bezeichnung von diskreten Achsenabschnitten bei Balkendiagrammen zur Auftragung des unabhängigen Parameters, dessen Funktionswerte durch die Balken dargestellt werden
Sachkatalog	Auflistung von Publikationen, sortiert nach Themengebieten; dient zum Auffinden von Literatur in Bibliotheken
Sachwortregister	Liste der wichtigen Nachschlagewörter am Ende einer Druckschrift mit Angabe der Seite, wo der Begriff im Werk behandelt wird (Register, Index); ergänzt das Inhaltsverzeichnis, engl. index
Sammelwerk	Zusammenfassung mindestens zweier Werke verschiedener Autoren unter einem übergeordneten Titel, z. B. bei Tagungsbänden, Handbüchern usw.
Satzspiegel	Für das Bedrucken einer Seite die zur Verfügung stehen-

de Fläche unter Berücksichtigung aller Seitenränder, engl. printing area, type area

Scanauflösung — Anzahl der Bildpunkte pro Strecke beim Scannen; Einheit dpi

Scannen — Zerlegen einer Bildvorlage in einzelne Bildpunkte (Pixel) entsprechend der gewählten Auflösung und Farbtiefe der einzelnen Bildpunkte; auch als Bilddigitalisierung bezeichnet

Scanner — Gerät zur Bilddigitalisierung

Schraffur — Flächenfüllung in Grafikelementen durch regelmäßig angeordnete Linien mit Zwischenräumen

Schriftgrad — Schriftgröße, vgl. Abb. 12, S. 51; engl. size of letters

Schriftlinie — Grundlinie, auf der die Buchstaben einer Zeile angeordnet sind; vgl. Abb. 12, S. 51

Schriftschnitt — Bezeichnung eines Zeichensatzes mit allen Attributen des Schriftstils

Schriftstil — Bezeichnung für die Variationsmöglichkeiten einer Schriftart, bei Textverarbeitungen i. Allg. normal, fett, kursiv, unterstrichen, gesperrt

Schusterjunge — Erste Zeile eines Absatzes, mit der eine Seite endet. Ein solcher Seitenumbruch ist zu vermeiden; engl. widow

Scoringmodell — siehe Entscheidungsmatrix

Script — Bezeichnung der Schriftfamilien mit Schreibschriftzeichen (z. B. Zapf Chancery)

Seitenelemente — Zusammenfassender Oberbegriff für Haupttext, Kopfzeile, Fußzeile, Fußnote, Grafikelemente

Serifen — Kleine Abschlussstriche von Buchstaben in Antiquaschriften (z. B. bei Times-Schriften), engl. serifs

Server — Rechner in einem Netzwerk, der für andere Computer Daten oder Informationen bereitstellt

Signatur — Archivnummer von Literaturwerken in Bibliotheken

Simulation — Mathematische Nachbildung eines Systems oder eines Vorgangs (meist per EDV im Rechner), engl. numeric modelling, simulation

Skript, Skriptum — Vorlesungsumdruck mit Zusammenfassung der Vorlesungsinhalte

Softwaretool — siehe Tool

Sonderzeichen — Zeichen eines Zeichensatzes, die keine Buchstaben oder Ziffern sind

Spatium — Zwischenraum eines Achtelgevierts (schmales Leerzeichen)

Sperrschrift — Zeichenanordnung mit Leerzeichen oder vergrößerten Zeichenabständen zwischen den Buchstaben eines Wortes, um die Zeichenfolge optisch hervorzuheben; bei Schreibmaschinen verwendet, engl. spaced types

Spline-Kurven	Verbindung zweier Endpunkte durch eine Kurve mit einstellbarer Krümmung, Verwendung in Vektorgrafikprogrammen zum Zeichnen von Kurven mit der Spline-Interpolation
Streamer	Gerät zur Aufzeichnung von Daten auf Magnetband, zur Datensicherung von großen Datenmengen verwendet, vergleichsweise geringe Datenübertragungsraten
Strichvorlage	Grafikvorlage in Schwarzweiß ohne Halbtöne, vgl. Strichzeichnung
Strichzeichnung	Abbildung, die nur aus schwarzen und weißen Elementen besteht; günstig für einfache digitale Bildverarbeitung, engl. line drawing
Struktogramm	Grafische Darstellung von Strukturen in interaktiven Systemen (siehe auch Flussdiagramm zur Erfassung von Abläufen und Organigramm zur Erfassung von Hierarchien), engl. organization chart
Strukturanalyse	Zerlegung eines Projektes in sinnvolle, sich ergänzende Teilaufgaben im Projektmanagement, engl. project analysis
Stützstellen	Bekannte Funktionswerte zur Erstellung von Approximationen und Interpolationen
Subscript	Tiefgestelltes Zeichen, z. B. Indizierung
Superscript	Hochgestelltes Zeichen, z. B. Exponent
Symbol	Allgemein ein Sinnbild (griech. symbolon), in Naturwissenschaft und Technik Bezeichnung für Piktogramm, im englischen Sprachgebrauch auch Formelzeichen (Variablenbezeichnung)
Symposium	Wissenschaftliche Tagung (von griech. Symposion; ursprüngl. philosophisches Gespräch nach Mahlzeiten)
Tabulator	Definierte Spaltenposition in einer Textzeile; ursprünglich bei Schreibmaschinen zur Tabellenerstellung verwendet
TCP/IP	Transmission Control Protocol/Internet Protocol; grundlegende Übertragungsprotokolle zum Datenaustausch im Internet
Telnet	Internetdienst zum Arbeiten auf anderen Rechnern über das Internet, z. B. für Datenbankrecherchen auf entfernten Servern (Telnet-Protokoll)
Term	Mathematischer Ausdruck, dargestellt mit Formelzeichen
Textverarbeitung	Bezeichnung für Software zur Erstellung und Bearbeitung von Textdokumenten, engl. word processor
TIFF-Dateiformat	Tagged Image File Format; gängiges und bewährtes Da-

teiformat für die Speicherung von Pixelgrafiken; sehr häufig auch zum Datenaustausch verwendet

Times | Bezeichnung für eine bestimmte Schriftart mit Serifen, gut lesbar trotz geringer Zeichenabstände, ursprüngl. verwendet für Tageszeitungen Ende des 19. Jahrhunderts

Tintenstrahldrucker | Ausgabegerät zum Bedrucken von Seiten mit (z. T. farbiger) Tinte aus feinen Düsen, je nach Papiersorte hohe Druckauflösung möglich bei mäßiger Druckgeschwindigkeit, engl. ink jet printer

Titelei | Gesamtheit der Seiten vor dem ersten Kapitel einer längeren Druckschrift, engl. title pages

Tool | Englisch „Werkzeug"; Sammelbegriff für kleinere Softwareprogramme für Nebenaufgaben (vgl. Utilities); auch für die Bezeichnung von Bearbeitungsoperationen bei der Grafikverarbeitung verwendet (hier meist als Befehle in Menüleisten abrufbar)

Trunkierungszeichen | Definierter Platzhalter in Zeichenketten zur Markierung eines variablen Zeichens (i. Allg. ?) oder einer Teilfolge mehrerer Zeichen (i. Allg. *), z. B. Dateinamenauswahl mit name.da? oder name.*; auch Jokerzeichen genannt, engl. wildcard

Typographie | Handwerk(skunst) zur wirkungsvollen Gestaltung von schriftlichen und grafischen Informationen auf Druckseiten, z. B. durch Satzspiegel, Seitenelemente, Zeichensatz, Hervorhebungen usw.; engl. typography

typographischer Punkt | siehe Punkt

Typoskript | Maschinenschriftliche Textvorlage; die Verwendung des Begriffs hat sich gegenüber dem Begriff Manuskript nicht durchgesetzt, engl. typescript

Umbruch | Zeilen- oder Seitenwechsel

UNIX | Betriebssystem für Workstations und größere Rechner, die meist in Netzen betrieben werden

Unterschneidung | Besonders breit erscheinende Abstände zwischen bestimmten Buchstabenkombinationen werden durch einen negativen Zeichenabstand ausgeglichen (engl. kerning, z. B. Va statt Va)

URL | Uniform Resource Locator; eindeutige Adresse in Computernetzen, z. B. WWW-Adressen sind URLs

Utilities | Sammelbegriff für Hilfsprogramme; meist zur Dateiverwaltung, Datensicherung oder auch zur Erstellung von Bildschirmabbildungen benötigt

Vakat | Unbedruckte Seite

Vektorgrafik | Grafik, die im Rechner aus definierten Objekten, die durch Geometrie und Attribute gekennzeichnet sind, besteht und daher frei skaliert werden kann; das Ausdrucken

	kann auf jedem Drucker in der jeweils besten Qualität erfolgen
Vektorisieren	Umwandeln einer Pixelgrafik aus Bildpunkten in eine Vektorgrafik aus Objekten, engl. tracing
Verknüpfen	Zusammenfügen von Informationen aus verschiedenen Dateien zu einem Dokument, z. B. Verknüpfen von Grafiken aus externen Dateien mit einem Text
Versal, Versalien	Großbuchstabe(n), Anfangsbuchstabe(n), engl. capital
Verweis	Hinweis von einer Textstelle auf ein Kapitel, eine Seite, ein Grafikelement im gleichen oder einem fremden Text
Virus	siehe Computervirus
Vorwort	Erläuterungen des Autors am Anfang einer Druckschrift zur Motivation, zur Zielsetzung und zum Dank an unterstützende Personen
WAIS	Wide Area Information Server; Informationssystem zur Volltextsuche in Datenbeständen
Werkschrift	Im Haupttext verwendete Schriftart eines Textdokuments, entspricht den Begriffen Grundschrift, Brotschrift
Whois	Internetdienst zur Recherche von Rechner- und Benutzernamen in einem Bereich des Internets (Domain)
Wildcard	siehe Trunkierungszeichen
Windows	Multitaskingfähiges Betriebssystem mit grafischer Benutzeroberfläche in Fenstertechnik für IBM-AT-Rechner; als Version 3.x in Verbindung mit DOS, als Windows 95 eigenständig; auch auf anderen Hardwareplattformen existieren ähnliche Betriebssysteme
World Wide Web	Komfortabler Informationsdienst im Internet mit fensterorientierter Benutzeroberfläche; große Zuwachsraten; verwendet Hypertext; Abkürzung WWW
Zäsur	Gedanklicher Einschnitt, z. B. bei Vorträgen; von lat. caedere (hauen, einschneiden)
Zeichenweite	Horizontale Breite eines Textzeichens; üblich sind bei Zeichensätzen die Bezeichnungen extended, regular, condensed, extra condensed
Zeilenabstand	Maß zwischen Buchstabenoberkanten von Großbuchstaben in zwei aufeinander folgenden Zeilen, engl. line spacing
Zeilendurchschuss	siehe Durchschuss
Zeitmanagement	Optimierung der zeitlichen Abfolge von Vorgängen und Kontrolle der Einhaltung dieses Zeitplans, engl. time management

9.2 Internetadressen

Die nachfolgenden Internetadressen stellen eine Zusammenstellung verschiedener Informationsquellen überwiegend im World Wide Web (WWW) dar, die für studentische Arbeiten interessant sein können. Angegeben sind Adressen, die Themenübersichten, Verzeichnisse und Suchmöglichkeiten enthalten. Hauptziel der Auswahl ist das Bereitstellen von Startpunkten für Internetrecherchen zu unterschiedlichen Fragestellungen. Aufgrund der rasanten Dynamik, mit der sich das Informationsangebot im Internet entwickelt, kann keine Gewähr für den Bestand der Adressen gegeben werden. Bei Redaktionsschluß waren alle Adressen intakt.

URL (Erläuterungen)

Suchmaschinen

http://www.web.de (Das deutsche Internetverzeichnis)

http://www.dino-online.de/seiten.html (Suchmaschine DINO)

http://www.unix-ag.uni-siegen.de/search/ (Suchmaschine CUSI)

http://www.flp.cs.tu-berlin.de/flipper/index.html (Suchmaschine Flipper)

http://www.kolibri.de/frames/deframe.html (Suchmaschine Kolibri)

http://www.aladin.de/ (Suchmaschine Aladin)

http://www.leo.org/search_index.html (Suchmaschine LEO der TU München)

http://cuiwww.unige.ch/w3catalog (World Wide Web Catalog)

http://wwww.cs.colorado.edu/wwww (World Wide Web Worm)

http://nearnet.gnn.com/wic/index.html (The Whole Internet Catalog)

http://lycos.cs.smu.edu/ (Suchmaschine LYCOS)

http://webcrawler.com/ (Suchmaschine WebCrawler)

http://www.yahoo.com/ (YAHOO-Katalog)

http://web.nexor.co.uk/public/aliweb/aliweb.html (Suchmaschine Aliweb)

http://altavista.digital.com/ (Suchmaschine Alta Vista)

http://www.albany.net/allinone/ (Suchmaschine All in one)

http://www.mckinley.com (Suchmaschine Magellan)

http://www.infoseek.com (Suchmaschine Infoseek)

http://www.uwm.edu/Mirror/inet.services.html (Internet services list)

http://www.ncsa.uiuc.edu/SDG/Software/Mosaic/MetaIndex.html
(Suchmaschine Meta-Index)

http://www.elec.qmv.ac.uk/simon/welcome.html (Suchmaschine SIMON)

http://js.stir.ac.uk/jsbin/js
(Suchmaschine JUMP für das Finden von Dokumenttiteln)

http://rd.cs.colorado.edu/harvest/ (Suchmaschine Harvest Broker)

http://www.opentext.com/ (Suchmaschine Opentext)

Forschung und Entwicklung

http://www.dfn.de/bmbf/home.html (Bundesministerium für Bildung und Forschung)

http://www.dfg.de (Deutsche Forschungsgemeinschaft)

http://www.dfn.de/ (Deutsches Forschungsnetz)

http:www.fhg.de (Fraunhofer-Gesellschaft)

http://www.uni-kassel.de/wiss_tr/fut/ff.html
(Informationen zur Forschungsförderung)

http://www.fiz-karlsruhe.de/stn.html (Scientific and technical network)

http://www.princeton.edu (unveröffentlichte Abstracts)

http://www.sunsite.unc.edu/patents/intropat.html (internationale Patentdatenbank)

http://www.micropat.com/ (Recherche nach US-Patenten)

http://www.rz.uni-karlsruhe.de/Outerspace/VirtualLibrary/
(Arbeitsgruppen zu wissensch. Themen)

http://www.dejanews.com/ (Archiv der news groups)

ftp://rtfm.mit.edu/pub/usenet-by-group/ (Informationen zu use groups)

http://tph.tu-wien.ac.at/physics-services/physics_services.html
(physics around the world)

http://rzsun02.rrz.uni-hamburg.de/~chemie/www_Chemie.html
(Internationale Infosysteme Chemie)

http://www.chemie.uni-regensburg.de/external.html
(Chemie-Server und Ressourcen)

http://www.bio.net (Network for Biology)

http://mathe.tu-freiberg.de/Other/mmeuropa.html
(Mathematische Institute in Europa)

http://www.ramge.de/ingenieur/index.html (Internet für Ingenieure)

http://www.forengruppe.de/technik/ (Deutsches Technik-Forum)

http://www.vdi.de/ (Verein Deutscher Ingenieure)

http://www.vde.de/ (Verband Deutscher Elektrotechniker)

Firmen im Internet

http://www-db.farside.net/firmen/germany.shtml (Sortierung: Städte)

http://www.brainlink.com/~accelcom/dfirmen.html
(Sortierung: Alphabet, Städte, Branchen)

http://www.th-darmstadt.de/com-german.html
(Verweise zu Firmenverzeichnissen im Internet)

http://www.europages.com/
(Europäisches Lieferantenverzeichnis, Infos über Firmen im Internet)

http://www.hoppenstedt.de/compoNET
(Zulieferteile für Maschinenbau, Elektrotechnik)

Bibliotheken, Verlage und Buchhandlungen

http://www.laum.uni-hannover.de/iln/bibliotheken/kataloge.html (Katalog zu
Online-Bibliotheken)

http://www.carl.org/ (Katalog zu Online-Bibliotheken)

http://www.dbi-berlin.de/ (Deutsches Bibliotheks-Institut)

http://www.hbz-nrw.de/hbz/germlst.html (Liste deutscher Online-Bibliotheken)

http://www.brzn.de/homepage.html (Gemeinsamer Bibliotheksverbund online)

http://www.bib.rwth-aachen.de/ (Bibliothek RWTH Aachen)

http://www.tib.uni-hannover.de (Universitätsbibliothek Hannover)

http://rz.uni-frankfurt.de/stub/dhome.html (Universitätsbibliothek Frankfurt)

telnet://faui43-informatik.uni-erlangen.de/
(Universitätsbibliothek Erlangen-Nürnberg, login: gi)

http://sunsite.berkeley.edu/Libweb/ (weltweite Auflistung von Online-Bibliotheken)

http://www.chemie.fu-berlin/outerspace/verlage.html
(Verzeichnis deutscher Verlage)

http://www.lights.com/publisher/
(Internationales Verzeichnis von Verlagen im Internet)

http://www.telebuch.de/de/index.html (ABC-Bücherdienst im Internet)

http://sunsite.unc.edu/ibic/IBIC-homepage.html (Internet book information center)

http://www.bookstore.com/ (international bookstore)

Hochschulen und Organisationen

http://www.uni-hannover.de/zentral.html (Universität Hannover)

http://www.tu-berlin.de (Technische Universität Berlin)

http://www.rrz.uni-hamburg.de (Universität Hamburg)

http://www.uni-stuttgart.de (Universität Stuttgart)

http://www.th-darmstadt.de (TH Darmstadt)

http://www.uni-mainz.de (Universität Mainz)

http://www.uni-kiel.de (Universität Kiel)

http://www.uni-magdeburg.de (Universität Magdeburg)

http://www.tu-dresden.de (TU Dresden)

http://www.uni-rostock.de (Universität Rostock)

http://www.uni-goettingen.de (Universität Göttingen)

http://www.uni-essen.de (Universität Essen)

http://www.uni-wuerzburg.de (Universität Würzburg)

http://ethz.ch (ETH Zürich)

http://www.unisg.ch (Universität St. Gallen)

(Adressen von weiteren Hochschulen sind auch in anderen Abschnitten dieser
Auflistung enthalten bzw. lassen sich meist leicht aus der Adressenstruktur ableiten.)

http://www.bundesregierung.de (Informationen mit Verweisen zu Ministerien)

http://europa.eu.int/welcome.html (Europäische Union)

http://www.uspto.gov/ (US-Patent and Trademark Office)

http://www.epo.co.at/epo/ (European Patent Office)

http://www.din.de/ (Deutsches Institut für Normung DIN)

http://www.iso.ch (International Organisation for Standardization ISO)

http://www.ansi.org/ (American National Standards Institute ANSI)
http://www.astm.org/ (American Society for Testing of Materials ASTM)
http://www.nssn.org/ (National Standards System Network NSSN)
http://www.sae.org/ (Society of American Engineers SAE)
http://www.asme.web.aol.com/index.html
(American Society of Mechanical Engineers ASME)
http://www.ieee.org/ (Institute of Electrical and Electronics Engineers IEEE)
http://www.isoc.org/ (Internet Society)

Computer, Software, Internet

E-Mail

http://www.eff.org/papers/eegtti/eegttitop.html
(Einführung in electronic mail, Guide to the Internet)
ftp://ftp.th-darmstadt.de/pub/machines/ms-dos/simtel/SimTel/win3/encode/
(Software zur ASCII-Codierung von binären Dateien)
ftp://bwl.bwl.th-darmstadt.de/APPS/pmail/ (Mailing-Software)

World Wide Web

http://www.fhd-stuttgart.de/asta/vortrag/index.html (Einführung ins Internet)
http://www.ruhr-uni-bochum.de/ (Einführung ins WWW)
http://leo.org/demap/ (Karte der WWW-Server in Deutschland)
http://www.cern.ch/
(Einführung und Infos zum WWW, birthplace of World Wide Web)
http://oracle.com, http://home.netscape.com/ (WWW-Browser-Software)

File transfer mit ftp

http://www.tu-bs.de/rz/kommunikation/ftp-Service/
(Informationen zu ftp und Links zum ftp-Server)
http://www.ask.uni-karlsruhe.de/ftp/ftp-list-de.html (Liste deutscher ftp-Server)
ftp://garbo.uwasa.fipc/doc-net/ftp-list.zip (Liste weltweit vorhandener ftp-Server)
http://www.leo.org/mirror/de-mirror.html (Liste von Mirror-ftp-sites)
http://www.th-darmstadt.de/archie/archieplex.html
(Archie-Server über WWW zur ftp-Suche)
ftp://ftp.uni-paderborn.de/ (übersichtlicher ftp-Server mit Infos und Software)
ftp://ftp.th-darmstadt.de/pub/machines/ms-dos/ (Software, Utilities)
ftp://ftp.rz.uni-osnabrueck.de/pub/msdos/
(Software antivirus, graphics, fileutils, networking usw.)
ftp://rcs1.urz.tu-dresden.de/win/cica/
(Software, Utilities zu Textverarbeitungen und Programmierung)

Gopher

gopher://gopher.tu-clausthal.de
(Gopher-Server mit Informationen zu diesem Internetdient und Links)
http://galaxy.einet.net/gopher.gopher.html (Gopher-Ressourcen)

Computerviren, Software

http://www.informatik.uni-hamburg.de/Arbeitsbereiche/AGN/vtc/eng.htm
(Virenzentrum Uni HH)

http://netra2.mcaffee.com/index.html (McAffee-Virenscanner)

http://www.symantec.com/lit/util/doswint/navfact.html (Norton-Virenscanner)

http://www-tec.open.ac.uk/casg/avone.html
(Anti-Virus-Information und weitere Links)

ftp://ftp.uni-paderborn.de/msdos/antivirus/progs/00-Index
(Übersicht zu Anti-Virensoftware)

ftp://ftp.uni-halle.de/pub/msdos/antivirus/ (Antivirensoftware)

ftp://ftp.tu-chemnitz.de/pub/.simtel/SimTel/win3/archiver/
(Dateikomprimierung und -archivierung)

ftp://ftp.tu-chemnitz.de/pub/.simtel/SimTel/win3/capture/ (Bildschirmabbildungen)

ftp://ftp.th-darmstadt.de/pub/machines/ms-dos/simtel/SimTel/win3/graphics/
(Konvertierung Dateiformate)

ftp://ftp.th-darmstadt.de/pub/machines/ms-dos/simtel/SimTel/win3/winword/
(Makros zu MS Word für Win)

(Treibersoftware und Support zu Programmen über die Handbücher hinaus findet
sich überwiegend beim Internetangebot der Soft- und Hardwarehersteller.)

Electronic Publishing

http://www.lib.ncsu.edu/stacks/alex-index.html
(Catalog of electronic Texts on the Internet)

http://marvel.loc.gov/ (Global electronic library)

http://www.etext.org/
(Archiv elektronischer Publikationen der Universität Michigan)

http://www.springer.de/
(z.B. Online-Version des Buches: „Internet: Werkzeuge und Dienste")

http://www.hotwired.com/ (Informationen aus Technologie)

http://enews.com/ (The electronic news stand – Zeitungsstand im Internet)

http://www.darmstadt.gmd.de/BV/ (Informationen zu elektronischen Publikationen)

9.3 Normung

Nachfolgend ist eine Auswahl der wichtigsten Normen für die Erstellung von Dokumentationen zusammengestellt. Sie bilden die Grundlage für die Angaben in diesem Leitfaden und geben zugleich einen beispielhaften Einblick in die umfangreiche Normung zu dieser Thematik. Die meisten Themenfelder sind national (DIN) und international genormt (ISO). Ergänzend finden sich in Tab. 12, S. 60 Hinweise zur Normung von grafischen Symbolen (Sinnbildern) in verschiedenen Fachrichtungen. Während grundlegende Normen schon lange verfügbar sind, stammen viele Standards, die sich mit der Dokumentationstechnik beschäftigen, aus den letzten Jahren (z. B. DIN ISO 10 209, DIN ISO 11 442, VDI-Richtlinie 4500).

DIN 201	Schraffuren und Farben zur Kennzeichnung von Werkstoffen, 1953
DIN 461	Graphische Darstellungen in Koordinatensystemen, 1973
DIN 476	Papier-Endformate, 1976
DIN 824	Faltung auf Ablageformat, 1981
DIN 1301	Einheiten, Einheitennamen, Einheitenzeichen, 1993
DIN 1302	Allgemeine mathematische Zeichen und Begriffe, 1994
DIN 1303	Vektoren, Matrizen, Tensoren; Zeichen und Begriffe, 1987
DIN 1304	Formelzeichen, Allgemeine Formelzeichen, 1978
DIN 1313	Physikalische Größen und Gleichungen, 1978
DIN 1338	Formelschreibweise und Formelsatz, 1996
DIN 1421	Gliederung und Benummerung in Texten, 1983
DIN 1422	Veröffentlichungen aus Wissenschaft, Technik, Wirtschaft und Verwaltung, 1983
DIN 1426	Inhaltsangaben von Dokumenten, 1988
DIN 1450	Schriften: Leserlichkeit, 1993
DIN 1502	Regeln für das Kürzen von Wörtern in Titeln und für das Kürzen von Titeln in Veröffentlichungen, 1984
DIN 1505	Titelangaben von Dokumenten, Zitierregeln, 1984
DIN 2107	Schriftfamilien für die Textverarbeitung, 1986
DIN ISO 2108	Internationale Standardbuchnummer, 1994
DIN 2330	Begriffe und Benennungen, 1993
DIN 2340	Kurzformen für Benennungen und Namen, Bilden von Abkürzungen, 1987
DIN 4898	Gebrauch der Wörter dual, invers, reziprok, äquivalent und komplementär, 1975
DIN 5007	Ordnen von Schriftzeichenfolgen, 1991
DIN 5008	Schreib- und Gestaltungsregeln für die Textverarbeitung, 1995

DIN 5478	Maßstäbe in graphischen Darstellungen, 1973
DIN 5485	Benennungsgrundsätze für physikalische Größen, 1986
DIN 6763	Nummerung, Grundbegriffe, 1985
DIN 6789	Dokumentationssystematik, Aufbau technischer Produktinformation, 1990
DIN ISO 9000–9004	Qualitätsmanagement und Qualitätssicherungsnormen, 1990
DIN ISO 10 209	Technische Produktdokumentation, Begriffe, 1994
DIN ISO 11 442	Technische Produktdokumentation, Rechnerunterstützte Handhabung von technischen Daten, 1994
DIN 16 507	Typographische Maße, 1964
DIN 16 511	Korrekturzeichen, 1966
DIN 16 518	Klassifikation der Schriften, 1964
DIN 16 521	Linien im graphischen Gewerbe, 1959
DIN 30 640	Serifenlose Linear-Antiqua, 1991; Beiblatt 2: Schriften für die Beschriftung technischer Erzeugnisse, diakritische Zeichen, 1976
DIN 31 623	Indexierung zur inhaltlichen Erschließung von Dokumenten, 1988
DIN 31 630	Registererstellung, 1988
DIN 31 638	Bibliographische Ordnungsregeln, 1994
DIN 32 830	Graphische Symbole, Regeln zum Gestalten graphischer Symbole für die technische Dokumentation, 1990
DIN 55 301	Gestaltung statistischer Tabellen, 1978
DIN 69 900	Netzplantechnik, Darstellungstechnik, 1987
DIN 69 901	Projektmanagement, Begriffe, 1987
ISO 4	Documentation, rules for the abbreviation of title words and titles of publications, 1984
ISO 31	Quantities and units (Größen und Einheiten; 13 Teile für verschiedene Bereiche aus Physik und Technik), 1992
ISO 128	Technical drawings, general principles of presentation
ISO 690	Documentation, bibliographic references – Contents, form and structure, 1987
ISO 833	International list of periodical titles word abbreviations, 1974
ISO 999	Documentation, index of a publication, 1975
ISO 2108	Information and documentation, international standard book numbering (ISBN), 1992
ISO 2145	Documentation, numbering of divisions and subdivisions in written documents, 1978
ISO 3297	Documentation, international standard serial numbering (ISSN), 1986
ISO 5122	Documentation, abstract sheets in serial publications, 1979
ISO 5776	Graphic technology, symbols for text correction, 1983

ISO 5966	Documentation, presentation of scientific and technical reports, 1982
ISO 6592	Information processing, guidelines for the documentation of computer based application systems, 1985
ISO 9000–9004	Quality management and quality assurance standards, 1994
ISO/DIS 10 628	Flow diagrams for process plants, general rules
VDI-Richtlinie 2270	Adjektivbildungen mit ...los und ...frei, 1963
VDI-Richtlinie 2271	Wörter auf -ung, 1964
VDI-Richtlinie 2272	Der Bindestrich, 1966
VDI-Richtlinie 2273	Adjektivbildungen mit -bar, -haft, -lich und -sam, 1965
VDI-Richtlinie 2274	Verben auf -ieren, -isieren und -fizieren, 1967
VDI-Richtlinie 2275	Wörter auf -er; Täterbezeichnungen, Gerätebezeichnungen, 1967
VDI-Richtlinie 2276	Verben mit den Vorsilben be-, ent-, er-, ge-, miß-, ver- und zer-, 1969
VDI-Richtlinie 2277	Erweiterte Verben, 1974
VDI-Richtlinie 2278	Benennungen durch Personennamen, 1976
VDI-Richtlinie 3771	Zusammengesetzte Substantiva, 1977
VDI-Richtlinie 3772	Funktion des Fachworts, 1981
VDI-Richtlinie 4500	Technische Dokumentation – Benutzerinformation, 1995
DIN-Taschenbuch Nr. 153	Publikation und Dokumentation, Sammlung der einschlägigen Normen zum Thema
DIN-Taschenbuch Nr. 154	Publikation und Dokumentation 2

9.4 Quellen

Das Verzeichnis enthält neben den Angaben über die diesem Leitfaden
zugrunde liegenden Quellen auch weiterführende und aktuelle Werke zu
den behandelten Themenfeldern. Die Anmerkungen sollen eine Voraus-
wahl erleichtern.

[1]   Bänsch, A.: *Wissenschaftliches Arbeiten: Seminar- und Diplomarbeiten.*
      5. Aufl. München u. a.: Oldenbourg, 1996.
      Theoretische Ausführungen zum Aufbau von wissenschaftlichen Arbeiten,
      primär für die Wirtschaftswissenschaften geschrieben, 94 Seiten

[2]   Bundesministerium für Bildung, Wissenschaft, Forschung und Technologie:
      Deutsche Studenten im Ausland 1975 bis 1993. Kurzbericht Oktober 1995.
      Statistische Erhebung über wahrgenommene Studienaufenthalte im Ausland,
      18 Seiten

[3]   Bundesministerium für Bildung, Wissenschaft, Forschung und Technologie:
      Studenten an Hochschulen 1975 bis 1994. Druckschrift Ausgabe 1995.
      Statistische Erhebung über Hochschulen, Studenten, Studienanfänger,
      128 Seiten

[4]   Buselle, M.; Freeman, J.: *Großes Buch vom Fotografieren.* Köln: Naumann &
      Göbel, 1991.
      Sammlung von allgemeinen Hinweisen zum richtigen Fotografieren mit vielen
      Bildbeispielen, 320 Seiten

[5]   Campbell, D.; Campbell, M.: *The Students Guide for Doing Research on the
      Internet.* Reading, Mass.: Addison-Wesley, 1995.
      Hinweise zu effektiven Recherchen im Internet, 349 Seiten

[6]   Deutsches Institut für Normung: Alle im Kap. 9.2 aufgelisteten Normenwerke

[7]   Diplomprüfungsordnung der Technischen Hochschule Darmstadt: Allgemeiner
      Teil. Erlass des Hessischen Kultusministers vom 9.3.1977

[8]   Diplomprüfungsordnung Physik der Justus-Liebig-Universität Gießen vom
      28.4.1982. Amtsblatt des Hessischen Kultusministers 6/1983

[9]   Drosdowski, G. (Hrsg.): *Duden. Bd. 1: Rechtschreibung der deutschen
      Sprache.* 21. Aufl. Mannheim u. a.: Dudenverlag, 1996.
      Maßgebend für die Orthographie der deutschen Sprache, Korrekturregeln,
      Zeichensetzung, Worttrennung, 910 Seiten

[10] Drosdowski, G. (Hrsg.): *Duden. Bd. 3: Bildwörterbuch der deutschen Sprache.*
      4. Aufl. Mannheim u. a.: Dudenverlag, 1992.
      Sammlung von Strichzeichnungen zu Wörtern und Begriffen der deutschen
      Sprache, 783 Seiten

[11] Ebel, H. F.; Bliefert, C.: *Schreiben und Publizieren in den Naturwissenschaf-
      ten.* 3. Aufl. Weinheim u. a.: VCH, 1994.
      Ausführliches Kompendium für naturwissenschaftliche Veröffentlichungen
      unterschiedlicher Art, gedacht für beruflichen, professionellen Einsatz,
      562 Seiten

[12] Eco, U.: *Wie man eine wissenschaftliche Abschlußarbeit schreibt.* 6. Aufl. Heidelberg: C. F. Müller, 1993. – UTB 1512.
Gedacht für Doktor-, Diplom- und Magisterarbeiten in Geistes- und Sozial-wissenschaften, 271 Seiten

[13] Gulbins, J.; Kahrmann, C.: *Mut zur Typographie: ein Kurs für DTP und Textverarbeitung.* Berlin u. a.: Springer, 1992. Korrigierter Nachdruck 1993.
Einführung in die typographischen Gestaltungsregeln und die Umsetzung in der DTP-Anwendung, 358 Seiten

[14] Hajer, H.; Kolbeck, R.: *INTERNET: der schnelle Start ins weltgrößte Rechnernetz.* 2. Aufl. Haar bei München: Markt und Technik, 1996.
Zusammenfassung der wichtigsten Daten zum Verständnis und Gebrauch des Internet, CD-ROM, 326 Seiten

[15] Hedgecoe, J.; Ford, L.: *Fotohandbuch.* 10. Aufl. Bern: Hallwag, 1994.
Anleitung zum Fotografieren mit vielen Bildbeispielen, Hinweisen zur Ausrüstung, Bildgestaltung und Technik, 352 Seiten

[16] Hoischen, H.: *Technisches Zeichnen: Grundlagen, Normen, Beispiele, darstellende Geometrie.* 26. Aufl. Berlin: Cornelsen Girardet, 1996.
Sammlung von grundlegenden Hinweisen zu technischen Zeichnungen, 449 Seiten

[17] Ihrig, S.; Ihrig, E.: *Professionell Scannen. Eine kompakte Einführung.* 1. Aufl. Heidelberg: dpunkt-Verlag, 1997.
168 Seiten

[18] Kammermeier, P.; Kammermeier, A.: *Scannen und drucken: Perfekte Fotos mit DTP.* Bonn u. a.: Addison Wesley, 1995.
Umfassende Erläuterungen zum Scannen und Drucken für DTP, 321 Seiten

[19] Krämer, W.: *Wie schreibe ich eine Seminar-, Examens- und Diplomarbeit?* 4. Aufl. Stuttgart u. a.: Gustav Fischer, 1995. – UTB 1633.
Allgemeine Angaben für alle Fachbereiche, ausführliche Beschreibungen, 174 Seiten

[20] Krumm, A.: Diplom- und Magisterarbeit mit WinWord 7.0. München u. a.: Oldenbourg, 1996.
Nutzung der Textverarbeitung WinWord 7.0 für wissenschaftliche Arbeiten, 205 Seiten

[21] Meidenbauer, J. (Red.): *Rhetorik: Erfolgreich reden – besser überzeugen.* Köln: Buch und Zeit Verlagsgesellschaft, 1994.
Hinweissammlung zur Vortragsweise, 93 Seiten

[22] Meyer, Hans Joachim; Heidrich, H.: *English for Scientists: A Practical Writing Course.* Leipzig: Verlag Enzyklopädie, 1990.
Lehrgang zum Schreiben englischsprachiger wissenschaftlicher Texte, 196 Seiten

[23] Nebelo, R.: *Doktorspiele: Wissenschaftliche Textverarbeitung mit Winword 6.0.* Z. c't Magazin für Computertechnik, Heft 2/1995, S. 218–226.
Anregungen für den effektiven Softwareeinsatz

[24] Nitze, M.: *Text und Formel: wissenschaftliche Texte am Computer verfassen.* Z. c't Magazin für Computertechnik, Heft 1/1993, S. 108–114.
Vergleich verschiedener Textverarbeitungssoftware und Formeleditoren

[25] Norm DIN 69 901: *Projektmanagement, Begriffe.* Ausgabe 8.1987. Berlin: Beuth Verlag

[26] Peterßen, W. H.: *Wissenschaftliche(s) Arbeiten.* 5. Aufl. München: Ehrenwirth, 1996.
Eine grundlegende Einführung für Schüler und Studenten, gut illustriert, theoretisch, 158 Seiten

[27] Pfeiffer, W. S.: *Technical Writing: A Practical Approach.* New York: Macmillan, 1994.
Richtlinien für alle Arten von schriftlichen Dokumenten in Naturwissenschaft, Technik und Geschäftswelt im englischsprachigen Raum, 547 Seiten

[28] Poenicke, K.: *Wie verfaßt man wissenschaftliche Arbeiten? Ein Leitfaden vom ersten Studiensemester bis zur Promotion.* 2. Aufl. Mannheim u. a.: Dudenverlag, 1988. – Duden-Taschenbuch Nr. 21.
Ausführungen zur verwaltungstechnischen Abwicklung der Materialerarbeitung, -bearbeitung, -ablage, Bibliographie, Veröffentlichung der Arbeit, 216 Seiten

[29] Profos, P.: *Meßfehler: Eine Einführung in die Meßtheorie.* Stuttgart: Teubner, 1984.
Definitionen von Grundbegriffen zur Messtechnik, systematische Betrachtung zu Messfehlern, 140 Seiten

[30] *Prüfungsordnung für den Studiengang Elektrotechnik der Fachhochschule Gießen-Friedberg.* Amtsblatt des Hessischen Kultusministers Nr. 2/85 vom 28.02.1985.

[31] Rinza, P.: *Projektmanagement: Planung, Überwachung und Steuerung von technischen und nichttechnischen Vorhaben.* 3. Aufl. Düsseldorf: VDI-Verlag, 1994.
Das Projektmanagement wird als effektives Werkzeug der Betriebswirtschaftslehre vorgestellt, 182 Seiten

[32] Scheller, M.; Boden, K.-P.; Geenen, A.; Kampermann, J.: *Internet: Werkzeuge und Dienste; Von „Archie" bis „World Wide Web".* Berlin u. a.: Springer, 1994.
Übersichtliche Darstellung der Internetdienste mit Hintergrundinformationen, 368 Seiten

[33] Scholze-Stubenrecht, W. (Red.): *Duden Oxford Großwörterbuch Englisch: Englisch-Deutsch, Deutsch-Englisch.* Mannheim u. a.: Dudenverlag, 1990.
Allgemeines Wörterbuch mit großem Wortumfang und Sprachhinweisen, 1696 Seiten

[34] Seidenspinner, G.: *Wissenschaftliches Arbeiten: Techniken, Methoden, Hilfsmittel, Aufbau, Gliederung, Gestaltung, richtiges Zitieren.* 9. Aufl. München: mvg-verlag, 1994.
Für Schüler und Studienanfänger geschrieben, 127 Seiten

[35] Theisen, M. R.: *ABC des wissenschaftlichen Arbeitens.* 2. Aufl. München: Deutscher Taschenbuchverlag, 1995.
Lexikon mit Erläuterungen zu einschlägigen Begriffen, 233 Seiten

[36] Thomas, B. J.: *The Internet for Scientists and Engineers: Online Tools and Resources.* 2. ed. Oxford u. a.: SPIE Optical Engineering, 1996.

Möglichkeiten und Nutzung des Internet, viele Adressen für unterschiedliche Fachgebiete, 495 Seiten

[37] VDI-Richtlinie 2221: *Methodik zum Entwickeln und Konstruieren technischer Systeme und Produkte.* Ausgabe 11.1986. Düsseldorf: VDI-Verlag, 1986.
Begriffsdefinitionen, Vorgehensweise, Beispiele, 35 Seiten

[38] Werlin, J.: *Wörterbuch der Abkürzungen.* 3. Aufl. Mannheim u. a.: Dudenverlag, 1987. – Duden-Taschenbuch Nr. 11.
Klärung der Bedeutung von über 38 000 Abkürzungen, 300 Seiten

[39] Zielasek, G: *Projektmanagement.* Berlin u. a.: Springer, 1995.
Darstellung des Projektmanagements und sein Einsatz in Unternehmen, 215 Seiten

9.5 Sachwortregister